「認知治療」
自學／輔助手冊

走出抑鬱的深谷

黃富強　主編

責任編輯　郝肇麟
封面設計　孫素玲
版式設計　鍾文君

書 名	**走出抑鬱的深谷**——「認知治療」自學／輔助手冊
主 編	黃富強
出 版	三聯書店（香港）有限公司
	香港北角英皇道 499 號北角工業大廈 20 樓
	Joint Publishing (H.K.) Co., Ltd.
	20/F., North Point Industrial Building,
	499 King's Road, North Point, Hong Kong
香港發行	香港聯合書刊物流有限公司
	香港新界荃灣德士古道 220-248 號 16 樓
印 刷	美雅印刷製本有限公司
	香港九龍觀塘榮業街 6 號 4 樓 A 室
版 次	2017 年 4 月香港第一版第一次印刷
	2022 年 5 月香港第一版第三次印刷
規 格	特 16 開（152 × 228mm）256 面
國際書號	ISBN 978-962-04-4149-3

©2017 Joint Publishing (H.K.) Co., Ltd.
Published & Printed in Hong Kong

目　錄

序

　　香港人生活緊張、工作繁忙，大部份人對自己的身體及精神健康，向來只停留於認知上的關注，卻少有行動上的配合，以致部份人士不幸患上抑鬱症。我的學術研究範圍及臨床經驗一向專注於精神健康工作，我知道社會上不少人士有抑鬱症的徵狀，但因生活十分忙碌或諱疾忌醫，而沒有參與一些輔導小組或其他相關的課程。事實上，不少的外國研究均證明「認知治療」對改善抑鬱症有卓越的果效。而我們所作的同類型研究，亦反映出參與「認知治療」的人士，跟沒有參與的人士，在精神及情緒狀況上，均有明顯的改善。故此，我們特別編製此自學／輔助手冊，讓有需要的人士，可以隨時隨地運用本手冊，透過有系統的步驟及生活化的例子，使他們應用「認知治療」來幫助自己。我們深信，每個人都有能力學習怎樣處理個人的情緒，免使自己陷入憂鬱的景況，而這本手冊對患有輕度及中度抑鬱症狀的人士尤為有效。

　　本手冊得以完成，實有賴一群熱心學習及積極實踐「認知治療」輔導手法的同工們的努力（即本書的所有作者）。當中，香港復康會社區復康網絡更由二零零三年開始，與本人一起推行「心情新角度」情緒管理小組，協助長期病患者減低心理壓力和情緒困擾。從過去小組成效研究顯示，參加者能有效改善負面情緒及掌握克服情緒困擾的信心和方法。我們亦希望藉此手冊來進一步推動及拓展「認知治療」在華人社會的應用。我們特別多謝林玉蘭小姐及陸妙芬小姐於籌備過程中的資料整理，他們的努力有助本書得以順利出

版。另外，我亦要多謝那些曾經參與「認知治療」小組的組員，他們坦誠的分享及積極努力改善個人情緒健康的態度，讓我們更希望建立一套有系統的「認知治療」來幫助他們。同時，他們在小組中提供的寶貴意見，亦大大豐富了本書的內容，並使我們在內容設計上得到不少的啟示。

本書名稱為「走出抑鬱的深谷：『認知治療』自學／輔助手冊」，這個名稱是有特別的涵義。很多患有抑鬱症的人士，在處於抑鬱的狀態中，往往感覺自己像跌進無助、無望、無力的深谷中，他們需要付出很多的努力，加上別人的指引和鼓勵，才能逃離幽暗的深谷。所以我們期望透過本書的名稱，提醒他們要主動幫助自己離開深谷，而這個過程正是需要一些時間及不斷學習的。

黃富強博士

香港大學社會工作及社會行政學系教授

① 本手冊簡介

本手冊的讀者對象

　　這是一本由認知治療師輔導讀者全面而深入地認識抑鬱症,以及自我測檢、紓解病情的實用手冊,讀者對象除了是已被診斷患有抑鬱症的患者外,亦適合一些處於高危處境的人士,例如被抑鬱情緒困擾了一段時間,並推測自己可能患上抑鬱症的人士。此外,作為上述兩類對象的親屬或朋友,亦可視本手冊為參考指南,以進一步了解患者的病況、需要及如何協助患者戰勝抑鬱症。

本手冊的內容要旨

　　(1) 協助抑鬱症患者及處於高危處境的人士,以「自己幫自己」(DIY) 的形式,認識及處理自己的抑鬱情緒;

　　(2) 讓讀者認識抑鬱症的成因、病徵及治療方法;

　　(3) 介紹「認知治療法」的主要概念及介入方法,並讓讀者依據手冊的指示,循序漸進處理個人固有的思想陷阱、思想框框,並以實際的想法和行動 來平衡情緒,以加速病情的康復。

本手冊確能協助你處理現時的情況嗎?

　　抑鬱症患者需要透過藥物治療,處理腦內缺乏血清素所引致的問題。另方面,心理輔導的配合亦不容忽視,因為很多患者都持續出現負面情緒(例如:恐懼、沮喪、憂慮)及負面思想,這些正是令他們患上抑鬱症的一些因素;而心理輔導卻能協助患者改變固有的負面思想框框,有助解決患者情緒困擾的問題。

　　現代人工作忙碌,生活步伐急促,未必能定時抽空接受心理輔導,而一般私人的心理輔導費用異常昂貴,非大眾市民可以負擔得起。再者,在傳統中國文化觀念影響下,一般人認為患有此類病症是一件不光彩及十分羞恥的事,基於「家醜不出外傳」的心態,便不敢

向專業人士求助。此外，一些患者由於未能衝破心理關口，向別人透露個人的感受，以致把病情拖延，遲遲沒有接受輔導，從而使病情惡化。為照顧上述人士的需要，我們特別出版本書，期望提供多一個空間讓患者或有需要的人士自行安排時間，在個人認為舒適自在的環境及狀態下，盡早選用合適的方法治理抑鬱的情緒。

可能你會對運用這本自學／輔助手冊解決個人問題的方式存疑，但事實上，外國有很多情緒病的治療方式，例如：抑鬱症和社交焦慮症等，除需要患者接受藥物治療及心理輔導外，亦十分鼓勵患者運用自學／輔助手冊，有系統地學習怎樣解決個人的鬱結。而其中最為廣泛應用的輔導手法就是認知治療法。

②

抑鬱症及認知治療法

王太記事簿

王太四十多歲，在寫字樓當文員，她的丈夫任職公營機構，工餘時會到社區中心做一些義務工作，例如教太極班。

這天，王太清晨五時已經醒來，她本想多睡一會卻又睡不着，起床後仍然覺得好累，好像沒有熟睡過。她忖度着這兩個月來為甚麼會時常失眠，她開始擔心若這情況持續下去，自己便不能如常地上班……

每次想起上班她就感到害怕和不開心，覺得自己不中用，因為近來很善忘，又不時犯了一些不應該犯的錯誤。老闆曾對她說：「為甚麼近來神不守舍，整天無精打采。」她聽後感到無可奈何，因為她根本不能集中精神，明知要趕工，但仍舊慢吞吞提不起勁。上班令她心情沉重、精神緊張，有時又會無故哭泣。她更怕同事走來安慰她，因為她壓根兒不想望見他們。她思忖着：「或許自己近來身體較差，時常感冒，令到情緒起伏較大吧！」

王太近來消瘦了很多，沒有胃口之餘，連以前好喜歡吃的東西，現在見了也有點噁心……

其實，她已感到近來有點不對勁，整天不開心……

看來王太的情緒十分低落，她身上究竟發生了甚麼事情？
上班為甚麼會為她帶來如此大的壓力呢？
她是否患了甚麼病。

（一）情緒與你

究竟發生了甚麼事情？？？

　　很明顯王太情緒極度低落、迷惘、煩擾，她意識到自己近日於工作上、生活上及人際關係上都遇到很多的障礙，但又不清楚是甚麼原因導致自己陷於現時混亂的局面。從她的記事簿內，你能否洞悉是甚麼事情令王太困擾、憂慮？你又會建議她如何幫助自己解決目前的困境？

年年驗「心」，真的放心！！！

　　香港曾爆發「沙士」（SARS，嚴重急性呼吸系統綜合症）疫症，大眾市民對身體健康關注意識比從前大大增加。除對日常生活習慣及飲食多加注意外，亦着重了身體檢查，筆者想起一個耳熟能詳的家計會宣傳口號——「年年驗身，令你放心！！！」然而，年年驗身，真的可放心嗎？誠然，身體檢查可詳細檢驗各器官的功能狀況，但是人除了身體會抱恙外，「心」也會病倒不適，身體病了要看醫生，「心」病了，我們卻未必一下子可以察覺得到，這正是很多情緒病患者因延醫或忌醫，以致多年來飽受病魔煎熬，情緒變得極度困擾。因此，若你的「心」病了，你必須正視處理！

　　事實上，香港生活緊張、步伐急促、競爭劇烈，近年香港人患抑鬱症的情況大增，而抑鬱症是可以持續數月、數年或一生，若沒有適當的治療，對患者的思想、感覺、身體及行為會造成莫大的傷害。更且，作為你身邊的親人、朋友，亦會因為擔憂你的處境而直接或間接

地受到影響。其實，抑鬱症是可以控制及治癒的，故此請緊記善待自己，正視自己的精神健康狀況，諱疾忌醫只會令病情繼續惡化！

你的情緒健康是否出現問題？
● 下列的描述是否與你近期的生活狀況很相似？

（1）你是否經常感到疲乏困倦，了無生氣，沒有精力去做任何事？

（2）過往一向喜歡參與的活動或嗜好，你現在是否感到失去興趣？

（3）你最近是否感到精神欠佳？記憶力大減、難以集中精神處理工作？

（4）你最近是否經常失眠或嗜睡？又或者有清晨早醒後又難以入睡的情況出現？

（5）你最近是否經常情緒波動，或無故哭泣？是否經常有沮喪、焦慮、易怒、痛苦、緊張、甚至麻木的情緒？

（6）你是否經常覺得自己一無是處、毫無價值，而且對將來感到無能為力、絕望無助呢？

（7）你最近是否感到食慾不振、體重驟降、身體多處無故疼痛、行動遲緩或退縮呢？

（8）你最近是否經常自責、內疚，甚至有幻覺或幻聽的情況出現？

（9）你是否越來越感到孤獨，不愛說話，不願意與別人溝通或接受他人的安慰，並有欲哭無淚的感覺？

（10）你是否經常有自殺的念頭，甚至有企圖自殺的行為？

（11）你是否經常賴在床上，不想起床進食或活動，即使起床後，甚麼事情也不願意做，腦中經常空白一片？

若你的答案多數屬於「是」，我認為本手冊十分值得你繼續細閱，因為你有可能患上抑鬱症。在稍後的章節中有「貝克抑鬱量表」，此量表是以認知治療法為基礎，以評估當事人的情緒健康狀

況和是否患上抑鬱症。

（二）　香港抑鬱症概況與貝克抑鬱量表

情緒病

當我們的「心」病了，正顯示我們可能患上情緒病。此病輕則令我們經常被負面情緒干擾，長期處於緊張、情緒起伏不定的狀態；嚴重時，對我們的身體健康、生活作息、社交生活、工作表現及人際關係帶來很大的傷害。根據香港特別行政區政府的《香港康復計劃方案：1998/99-2002/03 年度》預測，至 2003/04 年度，預計香港約有 77 萬人受情緒問題困擾，但是香港大部分人對嚴重情緒困擾引致的「情緒病」均欠缺正確的認識。

其實，情緒病包括：焦慮症、抑鬱症、恐懼症、社交焦慮症及飲食失調症等。不過，很多時情緒病患者往往將病徵誤以為是自己個人身體器官出了毛病，因此，只尋求治理身體官能不適的部分，而漠視關注自己精神健康的問題，以致未能及時對症下藥，使病情逐步惡化。

世界衛生組織在 2001 年的年報中指出，每四個人便有一個人會在一生中出現不同程度的精神病或情緒問題。而在 2020 年抑鬱症將會僅次於心臟病，成為全球疾病的第二號殺手！這反映抑鬱症對我們的威脅，絕不遜於一般因身體機能出現問題而產生的生理疾病。但是，普羅大眾對此病的認識十分有限，因而存有很多的誤解及偏見，並對抑鬱症患者有很多不公平的對待或歧視。

香港抑鬱症概況

近年，由於不少香港演藝界的知名人士都願意站出來告訴大家曾患有抑鬱症，並呼籲大眾注重個人的精神健康，抑鬱症隨即在社會上引起廣泛的關注及討論。

根據香港中文大學香港健康情緒中心於 1999 年的一項調查指出，12% 受訪人士曾表達有抑鬱症症狀，以同年人口約 660 萬人計算，約有 802,000 人受到輕度及中度抑鬱症狀困擾。另外，香港醫院管理局於 2001/02 年度的資料，比起 1997/98 年度，因情緒（包括抑鬱症）及家庭問題而尋求心理輔導服務的新患者數字有 43.2% 的顯著升幅。

誤解與真相

我們遇到問題時，會努力尋求解決的辦法，但不幸的是當我們運用不適當的解決方法時，我們會為原來的問題製造了第二個、第三個、第四個……問題，原本一個的問題變成更多的問題，使事情變得更複雜、更嚴重，令當事人感到混亂、沮喪或不知所措。因此，要有效地解決問題，其中一項關鍵因素是我們能否剔除一切的誤解與偏見，正確地理解當前的問題。

‧ 下列的問題是測試你對抑鬱症的認識有多少，請試完成各題目，在適當的位置上填上「√」。

對與錯（請勾上你所選擇的答案）

	對	錯
(1) 有抑鬱的情緒，代表患有抑鬱症。	☐	☐
(2) 患有抑鬱症的人一無是處，是弱者！	☐	☐
(3) 患有抑鬱症等同患上精神分裂症。	☐	☐
(4) 抑鬱症患者的患病原因主要是由於個人性格消極、悲觀及內向。故患者需改變性格，才可治癒抑鬱症。	☐	☐
(5) 靠個人意志力可以治癒抑鬱症。	☐	☐
(6) 抑鬱症是不能治癒的。	☐	☐
(7) 只要定時服食精神科藥物，便可治癒抑鬱症。	☐	☐
(8) 抑鬱症與壓力有密切關係，故患者只需減低壓力，例如往外地旅行散心，或辭去工作休息一段日子後，抑鬱症便會痊癒。	☐	☐

（答案見第 29 頁附錄）

你是否有機會患上抑鬱症？

　　社會人士普遍對抑鬱症認識不足，不肯定自己是否患了抑鬱症，或者不大清楚自己患病情況的嚴重性，下列的「貝克抑鬱量表」是根據「認知治療學派」對抑鬱症的評估而設計的，你可以嘗試完成下列的評估表，以了解自己目前的狀況：

　　請細閱以下 21 組描述情緒的句子，然後圈出每組中一個在本星期（包括今天）內最能表達你情緒的數字。若沒有適合的句子，請選擇最接近的一句。在選擇前，切記仔細閱讀句子內容。

貝克抑鬱量表

【第一組】　0　我不感到憂愁。

1　我感到憂愁、悲哀。

2　我時常感到憂愁、悲哀，又不能擺脫。

3　我愁苦、不快樂，以致無法忍受。

【第二組】　0　我對將來不怎麼失望。

1　我對將來感到失望。

2　我感到沒有甚麼可以寄望將來。

3　我感到將來毫無希望，而事情也不會好轉。

【第三組】　0　我不覺得自己像個失敗者。

1　我覺得我比一般人有較多失敗。

2　當我回顧生命時，我只見到很多的失敗。

3　我覺得自己是個完全失敗的人。

【第四組】　0　我像以往一般享受所作的事情。

1　我不享受以往常作的事情。

2　我再不能從任何事情中取得真正的滿足。

3　我對任何事情都感到不滿、煩悶。

【第五組】　0　我不感到怎樣內疚。

1　我有不少時間感到內疚。

2　我大部分時間感到內疚。

3　我無時無刻都感到內疚。

【第六組】 0 我不覺得自己正被懲罰。

1 我覺得自己可能會被懲罰。

2 我預計自己將會被懲罰。

3 我覺得自己正在被懲罰。

【第七組】 0 我對自己不感到失望。

1 我對自己失望。

2 我討厭自己。

3 我憎恨自己。

【第八組】 0 我不感到自己比別人差。

1 我因自己的弱點及錯失而對自己諸多批評。

2 我無時無刻因自己的錯失而怪責自己。

3 我為每件發生的不如意事而怪責自己。

【第九組】 0 我沒有任何自殺的念頭。

1 我有自殺的念頭，但卻不會實行。

2 我想自殺。

3 若有機會，我會自殺。

【第十組】 0 我不比平常哭得多。

1 我現在比以前哭得多。

2 我現在時常哭。

3 以往我還能哭泣，不過現在想哭也哭不出來。

【第十一組】0 我不比以往更感煩躁。

1 我變得比以前容易發怒或感到煩躁。

2 我任何時刻都覺得煩躁。

3 以往令我煩躁的，現在絲毫不再煩躁了。

【第十二組】0 我沒有失去對別人的興趣。

1 我對別人的興趣比以前少了。

2 我對別人大大失了興趣。

3 我對別人完全失了興趣。

【第十三組】0 我作決定的能力如以往一樣。

1 我比以往延遲作出決定。

2 我比以往更難作出決定。

3 我再不能作出任何決定。

【第十四組】0 我不覺得外貌比以前差。

1 我擔心自己看來老了、不吸引。

2 我感覺自己外貌有永久性的改變，令我看來不吸引。

3 我相信自己樣貌醜陋。

【第十五組】0 我能像以往一般的工作。

1 我要份外費神才能開始做事。

2 我要很辛苦催逼自己才可做事。

3 我甚麼事也做不來。

【第十六組】0 我的睡眠如平常一樣。

1 我沒有睡得像以前那麼好。

2 我比往常早醒一兩小時，而很難再入睡。

3 我比往常早醒數小時，而不能再入睡。

【第十七組】0 我不比平常易感到疲倦。

1 我比以往容易感到疲倦。

2 我幾乎做任何事情都感到疲倦。

3 我疲倦得不能做任何事。

【第十八組】0 我胃口沒有比平時差。

1 我胃口沒有以往那麼好。

2 我胃口比以往差很多。

3 我完全沒有胃口。

【第十九組】0 最近我體重沒有下降。

1 我體重減了 5 磅以上。

2 我體重減了 10 磅以上。

3 我體重減了 15 磅以上。

我在控制飲食來減低體重：是 / 否

【第二十組】0 我不比平時多擔心我的健康。

1 我擔心身體的問題，如：疼痛、腸胃不適、便秘等。

2 我很擔心身體的問題，因而很難去想其他的事。

3 我非常擔心身體的問題，因而不能去想任何其他的事。

【第二十一組】0 我並不發覺自己在性方面的興趣近來有任何轉變。

1 我對性的興趣比以往減低。

2 我現在對性的興趣已大大減低了。

3 我對性已完全失去興趣。

評分

　　請你把每組圈出的數字相加起來，然後將所得的分數與下表對照，看看你現時的情緒狀態處於哪個水平。

　　例如：在第一組中，你的選擇是　　<u>1</u>
　　　　　在第二組中，你的選擇是　　<u>0</u>
　　　　　在第三組中，你的選擇是　　<u>2</u>
　　　　　在第四組中，……　　　　　<u>—</u>
　　　　　在第五組中，……　　　　　<u>—</u>
　　　　　在第六組中，……　　　　　<u>—</u>
　　　直至在第二十一組　　　＋　<u>—</u>　　然後將所有數目相加
　　　　　　　　　　　　　　　＝　<u>—</u>　　（這便是你的得分）

判斷結果

　　甲、0－9分：**普通情緒困擾**

　　所有人都會有情緒困擾的時候。你的抑鬱情緒在合理和可接受的範圍內，只要困擾你的壓力過去，你情緒低落的狀況便會得到舒緩；除非情況越趨惡化，否則暫時並無詢問醫生意見的需要。

　　乙、10－18分：**輕度抑鬱**

　　你呈現了部分抑鬱症的症狀，而抑鬱的情緒已開始對你的日常生活造成一定的影響。你需要多注意自己的情緒狀況，如果經過一個月後，仍發現情緒困擾並無好轉，便需要考慮詢問醫生的意見，或向社工輔導員或心理學家尋求協助。

　　丙、19－29分：**中度抑鬱**

　　你呈現了不少抑鬱症症狀，而且你的情緒困擾已對你的生活帶來明

顯的影響，如社交生活不愉快、工作表現欠佳等。如果你的情緒狀況已維持超過一個月，我們建議你詢問醫生的意見，讓醫生為你作更仔細的評估，或向社工輔導員或心理學家尋求協助。

丁、30 分或以上： **嚴重抑鬱**

你的抑鬱情緒已達到危險的指標，它已嚴重影響你的家庭生活、社交生活及工作表現，我們建議你立即約見醫生，或向社工輔導員或心理學家尋求協助。

務請注意

這個「抑鬱量表」只作參考之用，若你的得分介乎 1-29 分，即屬甲、乙、丙三類人士，這手冊應該適合你的需要。另方面，若你得30 分或以上，即屬可能患有嚴重抑鬱症的人士，由於你現時的情況對你的身體健康、精神健康及日常生活有十分嚴重的影響，因此我們建議你盡早尋求精神科醫生或心理輔導員作進一步的檢驗及接受藥物治療，當情況漸趨穩定時，歡迎你再選用本手冊。

(三) 抑鬱症的起因、病徵及治療方法

認識抑鬱症

抑鬱症和一般的情緒困擾（例如：不開心、悲傷、心情低落）不同，前者的負面情緒程度是強烈和持續的，對我們的生活、工作、學業及人際關係有很大的影響；而後者只屬暫時性，經歷短時間的過渡期後，低落的情緒便會逐漸淡化消失。我們必須懂得區分兩者的差別，以了解自己目前的情緒狀況。

抑鬱症的成因

■ 先天生理因素

　　(1) 腦部化學傳遞物質分泌不足，影響腦內的血清素出現失衡情況。

　　(2) 家族遺傳。

■ 後天環境因素

　　例如：

　　(1) 生活緊張，長期處於壓力大的情況下（例如：因為失業、欠債、人際關係問題等）；

　　(2) 個人習慣性的負面思想模式。

抑鬱症的徵狀

　　根據美國精神病學會的斷症手冊（DSM-IV）顯示，若過去兩星期持續出現情緒低落或對日常事物失去興趣，此兩種主要徵狀同時出現或只出現其中一種，加上下頁表中的四種徵狀，表示你可能已患上抑鬱症，建議你必須盡早尋求醫生的專業診斷及治療。

思想	• 專注力、記憶力或決斷能力下降； • 很多消極、負面的思想； • 對將來感到悲觀無望； • 有自殺的念頭或計劃。
情緒	• 沒有明顯原因而情緒持續低落，例如感到抑鬱、無助、緊張、擔心、不安、沮喪、易怒、焦慮、心煩意亂。
行為	• 對以往喜愛的事物或活動興趣大減； • 失去生活及工作動力； • 做事力不從心； • 坐立不安、心情急躁、行動遲緩或反應緩慢； • 嚴重時會有妄想、幻覺或幻聽； • 害怕嘗試新事物； • 社交退縮、刻意孤立自己； • 有自殺行為； • 性能力下降、對性失去興趣； • 自我照顧能力下降，傾向倚賴別人； • 無緣無故哭泣。
身體	• 身體虛弱，並經常感到疲倦； • 體重、食慾明顯增加或減少； • 失眠／嗜睡； • 身體出現不明痛症。
自我形象／觀念	• 自我形象、自尊感及自我價值低； • 自卑、自信心低落； • 有強烈的內疚感或自責感。

治療方法

抑鬱症是必須接受治療的，否則患者的病情只會日益嚴重，甚至以自殺來結束生命的，而最有效的治療方法是結合藥物治療及心理輔導：

■ 藥物治療

以抗抑鬱藥或血清素調節劑，協助患者調整血清素失衡的問題。

■ 心理輔導

負面思想模式與抑鬱症有很大的關係，北美國家普遍採用認知行為治療法去改變患者的非理性或負面思想，而其成效亦廣泛被認同。事實上，認知行為治療法理論顯淺易明，而且有清晰、明確的步驟可依從，非常適合患者自學之用。

(四) 認知治療法

為何要採用認知治療法處理抑鬱症？

認知治療法被界定為其中一種最有效治療抑鬱症的治療方法，在美國更普遍被採用於醫治各類情緒病，並被認為適合亞洲人士套用。此治療法理論架構清晰簡單，旨在改變個人思想上的謬誤，而且有系統地作出治療，能讓一般人容易掌握。筆者過往曾以此治療法服務長期病患者、抑鬱症患者、社交焦慮症患者，結果顯示接受「認知治療法」的參加者，他們的精神健康、正面情緒有顯著提升，而負面思想則明顯減少，並能更有效地適應壓力。我們不敢保證此手冊能完全協助你治癒抑鬱症，但憑着筆者過往的臨床經驗及外國的研究反映，認知治療法確有其顯著的成效，故我們相信當你完成本手冊各項內容及練習時，你的現況會有一定的改變。

抑鬱的情緒困擾與認知治療的關係

　　情緒困擾的產生與個人多方面的系統互動有關。當個人感受情緒壓力時，其生理反應、思想反應、行為反應及情感反應之間的互動便可能構成適應不良的後果。我們在此使用認知治療介入模式是希望嘗試及驗證這模式對處理個人情緒困擾的有效程度。佛以（Free）在認知治療介入模式裡，把情緒困擾的產生作了多項的基本假設（Free, 1999）：

　　（1）個人的情緒困擾是受其思想、情緒及行為反應所影響的；

　　（2）個人的思想系統對個人的情緒反應具重大的影響力；

　　（3）當個人面對壓力時，他往往會按着一些慣常的思想、行為及情緒反應模式來處理情緒問題；

　　（4）個人本身不一定覺察到自己的思想、行為及情緒反應模式；

　　（5）這些不良的反應模式是從經驗中學習回來，因此，個人亦可透過學習來糾正這些不良的反應模式。

■ 貝克的「抑鬱症認知模式」

　　貝克認為抑鬱症患者對自己、世界及未來存着十分負面的看法。首先，他們將自己看成不足、低劣及沒有價值。他們傾向將所有負面經驗歸咎於自己的缺失。在這種信念下，即使自己有能力，他們亦會傾向低估自己的能力和貶抑自己。

　　抑鬱症患者對世界也存有負面的看法。他們傾向以負面的角度，有選擇性和不合宜地詮釋自己與周遭環境的關係。他們認為世界充斥不公平、匱乏及失誤，亦因此覺得世界對他們作出過分和苛刻的要求。更甚者，他們相信從世界而來的阻難和負擔會使他們無法達到自己的目標。

再者，抑鬱症患者將未來看成是現在狀態的延伸，他們覺得相似的負面處境將會不斷出現，並認為他們無法解決不斷湧現的問題。

貝克認為，抑鬱症患者的負面思想模式，乃是因為他們擁有思想陷阱、思想規條及核心信念。

■ 認知治療法對不良思想反應的理解

這個治療方法認為個人的思想謬誤主要是從三方面產生出來：(1)思想陷阱；(2)不良的規條及假設；(3)核心信念。

(1) **思想陷阱**　這是個人在面對壓力時出現的即時想法。貝克認為不少受到情緒困擾的人士都會出現一些思想陷阱。例如：**諉過於己、非黑即白、否定自己**及**妄下判斷**等。這些思想陷阱，使個人在思想的過程中把事件的真確性扭曲了，因而作出了錯誤的判斷。在這樣的情況下，個人便會按着這些不良的思想反應來決定自己的行為及情緒反應 (Beck, 1979)。例如：當別人送小禮物給你時，你卻認為他是「別有用心」——(妄下判斷)，因而你不單沒有感謝他，還表現出不悦的態度。貝克 (1995) 認為這些思想陷阱是個人從小時候透過經驗學回來的。故此，某些思想陷阱形態會不斷地在個人的身上重複出現。我們必須讓你學習怎樣去辨識自己的不自主思想模式。

(2) **不良的思想規條**　這是個人從小透過經驗學回來的一些僵化或不理性的準則及假設。例如：**每個人都必須守時，因為不守時的人是不可信的**及**如果我不努力工作，我便會給別人比下去**。這些不理性或僵化的規條及假設會影響我們在生活中所抱持的態度及行為。倘若這些僵化或不理性的規條及假設在現實生活中無法按着自己的心意來實行時，個人便會產生情緒困擾。例如：**一位已婚的男士認為「男人**

是一家之主」，並要供養妻兒。但他因病失業，自己卻無法接受不能工作的事實，並因此而感到十分沮喪。貝克（1995）同樣認為某些不良的規條及假設會不斷地在個人的身上重複出現。因此，你必須認識自己有那些不良規條及假設。

(3) **核心信念**　這是個人對自己和別人，甚至人生作出的一些整體負面評價。例如：**我是一個「沒有用的人」、「不值得別人愛護的人」及「這是個人吃人的社會」**等。貝克（1995）認為這是個人在不知不覺間從生活體驗中建立出來的對別人及自己的負面評價，而個人本身未必認識到自己具有這樣的信念。同時，這些核心信念會牢固地植根在個人的思想中，不輕易被打破。因此，你要反覆從日常生活中檢視自己是否具有某一種的負面評價。其實，個人的思想陷阱及其不良的規條及假設往往是源自核心信念。例如：**當某人具有一個「我是個不值得別人愛護的人」的核心信念時，在日常生活中他便可能出現以下的不良規條及假設：「我要盡量討好自己的丈夫，要不然，他便不會愛護我」或「倘若我不盡力做好自己作為丈夫的責任，我的太太便會離我而去」。**同時，基於這個核心信念，當事人在遇到某些生活事情時，便會不期然陷入某些思想陷阱。例如：**當妻子對自己表現冷淡時，作為丈夫的他便會想到「我的太太根本不喜歡我！」**

我們可以從理論中清楚看到貝克把人的不良思想反應（思想陷阱及不良的思想規條）歸因於個人擁有的核心信念上。

你可以透過「身心思維自我分析表」來探討及修正自己的負面思想。同時亦會學習「思想重整」的技巧，即時對於自己的負面思想陷阱、不良規條及假設和核心信念作出修正或反駁。例如：本手冊會教導你認識**爭辯式提問技巧**（即透過提問來找出事情的真確性及嚴重

性）、**辨識自己的思想陷阱類別**、**思想驗證技巧**（即鼓勵讀者在現實環境裡，嘗試驗證其想法的真確性）、**取代想法技巧**（即找出另一個較合理的想法來解釋他的經驗或遭遇），或**分散注意力**（即提醒自己不要老是往壞處想，而把注意力放在另外一些有意義的事情上）等。

認知治療法對不良行為反應的理解

貝克（1995）提出了一個對行為反應概念的分析，他認為一個人處理生活壓力時的行為反應，可以作出「適應性的行為反應」及「不良的行為反應」兩種。當你利用「思想陷阱記錄表」時，你可以記錄自己怎樣處理所面對的某些事件。本手冊會幫助你了解這些反應是屬於適應性的行為反應抑或是不良的行為反應，並引導你認識行為反應帶來的功能或影響。此外，透過「糾正思想陷阱及行為記錄表」可協助你找出建立適應性的行為反應。

本手冊會運用專門的提問技巧，幫助大家了解及辨識「不良的行為反應」及「適應性的行為反應」。思維情緒量表是一個甚為有效的工具，它能夠幫助你量化自己的情緒及思想反應。例如：**由 0 到 10，0 代表極不開心，10 代表十分開心，你認為自己在過去一星期的生活情況是怎樣？**

另外，本手冊會介紹兩種行為變更的步驟，該兩個步驟是「日常生活事務記錄表」及「自我獎勵」。抑鬱的人似乎都不能欣賞自己的成就，許多時就如貝克（1995）所說的一樣，會有貶低自己的負面思想。因此，本手冊會協助你看到自己的優點，並開始獎勵自己的小成就。此外，我們會介紹貝克（1995）的「日常生活活動事務記錄表」給讀者作為家課，讓你可以了解及檢視自己的生活模式。按着這些資料，你可為自己訂立一些短期的目標，並在完成後給予自己一些獎

勵。這個「自我獎勵」活動有助你建立成功的經驗，增強自信心。

認知治療法對不良情緒反應的理解

處理「適應不良的情緒反應」是認知治療介入法的一個重要環節。情緒困擾是外在事件、個人的思想及行為反應互動的結果（Beck, 1995）。因此，本手冊會幫助你認清及改變對壓力事件的慣性不恰當反應，並以你的情緒反應去找出背後的謬誤思想及不適當的行為（Corey, 1996）。

總括來説，「認知治療」的重點是協助患有抑鬱症病徵的人士：

（1）了解自己的負面思想（包括思想陷阱及不良的思想規條）怎樣影響抑鬱情緒；

（2）了解自己的身體及行為表現怎樣影響抑鬱情緒；

（3）學習一些方法去糾正自己的負面思想；

（4）學習一些方法改變自己面對問題時的行為反應；

（5）逐步重整及建立一個均衡的生活。

（五）怎樣從本手冊中攝取最大得益？

我須如何配合，才可以從本手冊中獲益？

有付出，才有收穫！
希望改變，便需要付出，
重拾生命力，便是你得到的收穫！
變、變、變，變出生命力 !!!

　　也許你會擔心自己沒有足夠的動力及恆心完成整本手冊，根據外國很多研究顯示，自助形式的手冊若未能有效地協助讀者改善目前狀況，主要是讀者沒有貫徹始終地完成整本手冊的所有練習，這正反映個人的決心及堅持，正是成功協助自己治理抑鬱症的關鍵。故此，請記着：你是絕對可以幫助自己戰勝是次的挑戰，而且你的投入和參與，足以突破當前的困境。

　　事實上，當你願意花錢購買本手冊時，我們相信你也期望此手冊能助你改善目前的精神健康狀況。請在每次開始翻閱本手冊前，緊記下列各點，認真地為自己作出最好的準備：

☑ **時間**　每星期預留約 2-3 小時的時間完成一篇課文。

☑ **環境**．舒適、安靜環境。

☑ **態度**　有耐性、決心，願意為自己將來能有愉快的生活作出積極的改變。

☑ **行動**　每星期完成一篇內容，並根據手冊的指示完成所有的練習或行動。

☑ **獎勵自己**　在運用這本手冊的過程中，學習欣賞自己、稱讚自己的小進步或「大躍進」，並給予自己一些鼓勵。

☑ **接受自己**　同樣地，你可能會對自己有很多新認識，例如自己的不足或缺點，要接受這些新發現是不容易的，但請你開放自己，接納多方面的「你」，並為自己不斷求進而作出相應的改變。

☑ **約見「守護天使」**　找一位你信任的家人 / 朋友 / 治療人員或輔導員，與他們談及你現在正使用此手冊，並邀請他 / 她作為你的「守護天使」，讓你每星期可跟他 / 她分享自己目前的進度和情況，甚至邀請他 / 她在過程中為你不斷打氣，給予情感上的支持，這絕對有助提升你完成本手冊的動機。

　　有一點要特別提醒你，使用本手冊的過程中，可能你會被生活上的大小事情，例如家庭各項事務、工作、出席不同的社交聚會等纏擾着，並不斷游說你去放棄——放棄正視處理個人的情緒問題。然而，我們十分期望你能理智一點，緊記缺乏良好的精神健康及身體健康，你的人生目標、理想、願望又如何能實現呢？你更不能每天擁有穩定的情緒，過着快樂的生活！記着將眼光放遠一點，為着自己美好的將來，每星期留一點時間及空間讓這手冊陪伴你改變與成長！

（六）你的承諾

　　前文提議你找一位「守護天使」，見證你的學習進度，並在學習的過程中給你支持。你既已有心去戰勝你的抑鬱情緒，何不找一位「守護天使」，在他／她的見證下嚴正地填寫一份自我成長的契約呢？

契約

　　本人 ＿＿＿＿＿＿＿＿＿，在 ＿＿＿＿＿＿＿＿＿ 的見證下，願意在未來的兩個半月中，按手冊的內容去學習了解及處理自己的抑鬱情緒。

姓名：＿＿＿＿＿＿＿＿＿　（自學者）　　日期：＿＿＿＿＿＿＿

姓名：＿＿＿＿＿＿＿＿＿　（見證人）　　日期：＿＿＿＿＿＿＿

附錄 「對與錯」答案

答案	誤　解	真　相
(1) 錯	有抑鬱的情緒，等於患有抑鬱症。	有抑鬱的情緒並不代表患上抑鬱症，一些不幸的事情會令我們陷於情緒十分低落的境界，例如：當我們面對親友的生離死別時，我們會有憂傷、難過、沮喪及失落這些自然的情緒反應，而這些負面情緒反應一般只會短暫地影響我們的日常生活。但當抑鬱症的徵狀（例如：有睡眠障礙、生活動乏動力、思想悲觀、行動遲緩和心境抑鬱等）持續困擾了一段時間，而且嚴重影響到工作表現、學習能力及社交生活時，該人士便可能患上抑鬱症。
(2) 錯	患有抑鬱症的人毫不中用，是弱者！	個人的價值與所患的疾病沒有絲毫關係，身體健康的人其個人價值不會比身體虛弱或患病的人高。另方面，患病是人生必經的自然規律，與個人的智慧、能力掛不上鈎。患有抑鬱症就如患有傷風感冒一樣，暫時影響當事人的學習、工作及日常生活，只要及早接受適當的治療，便可早日回復心靈健康。
(3) 錯	患有抑鬱症等同患上精神分裂症。	抑鬱症是其中一種情緒病，病因之一是由於腦部化學傳遞物質分泌不足，與精神分裂症的腦部化學物質分泌有所不同，故患有抑鬱症絕對不等於患有精神分裂症。
(4) 錯	抑鬱症患者的患病原因主要是由於個人性格消極、悲觀及內向。故患者需改變性格才可治癒抑鬱症。	抑鬱症的發病成因，除患者天生的腦部分泌因素外，後天因素如患者的思想模式及生活習慣也有關鍵性的影響。個人性格的特質只是其中一些致病的可能因素吧。

（續）

答案	誤　解	真　相
(5) 錯	靠個人意志力可以治癒抑鬱症。	患者以堅毅的意志力去面對目前的病患，確實對病情康復有正面的幫助，但單靠個人的意志力是不能戰勝抑鬱症的，患者還需接受藥物及心理輔導。
(6) 錯	抑鬱症是不能治癒的。	抑鬱症是可以治癒的，患者只需接受藥物治療，處理腦內缺乏血清素所引致的問題，同時配合心理輔導，以消除個人的負面思想及行為。事實上，及早接受治療，能大大增加康復的機會。
(7) 錯	只要定時服食精神科藥物，便可治癒抑鬱症。	藥物治療確實對治療抑鬱症有一定的幫助，但抑鬱症的病理原因並非純粹由於生理因素引起，個人習慣性的負面思想模式及錯誤處理壓力的方法，亦起了關鍵性的影響，心理輔導與藥物治療對病患者有相輔相成的作用。
(8) 錯	抑鬱症與壓力有密切關係，故患者只需減低壓力，例如往外地旅行散心，或辭去工作休息一段日子，病患便會痊癒。	抑鬱症並非只是一個短暫的情緒困擾問題，減輕目前生活的壓力能起**治標**作用，然而，要有效地**治本**，必須針對病理的核心問題。

③

結伴同行

——負面情緒與抑鬱症

事件本身並不是問題，你如何理解及處理事件才是問題的所在。

本章學習目的

完成本章的練習之後，你應該能夠明白到以下兩點：

（1）產生負面抑鬱情緒的主要原因並不是外在的環境因素，而是由外在環境因素引發起的思想、行為及身體方面的不良反應所導致；

（2）上述連串的反應中，思想對抑鬱情緒的影響至為重要。

王太記事簿

王太經醫生診斷後證實患上抑鬱症，須定時服藥控制病情。

王太有兩名兒女，兒子已結婚遷出，每星期均回來探望父母。王太認為：「身為職業女性，也要盡力照顧家庭，才算是一位稱職的妻子及母親。」一直以來，除了工作，王太都會為家中各人操心，照顧周到，並肩負起家中大小事務，務求做到一百分。

最近，王太的公司很忙，時常需要超時工作，以致於未能趕回家預備晚飯。這天她放工後買了飯盒回家，聽到女兒和丈夫抱怨近日常吃飯盒，埋怨她為甚麼不早點回家弄飯。王太即時覺得心裡有氣，頭很痛，把拿在手裡的碗筷大力放在桌面，並走進廚房內飲泣，滿心委

屈地想:「我要工作又要兼顧家庭,他們不但不體諒,還要埋怨我,他們看來已經不再喜歡我。」

另方面,兒媳有了身孕,好一段時間未有上門探望,有一次原約了王太喝早茶,但臨出門前打電話來説身體不適不能來。王太聽完電話,沒有跟丈夫女兒説半句話便走回房間躺在床上,定睛望着天花板,心裡不停地想:「我是否做得不好,兒女媳婦個個都討厭我,假日都不跟我喝早茶。」 她頓時覺得全身骨痛,沒有胃口,也不肯跟王生出門吃早餐。

此外,王太的兒子曾表示希望她幫忙照顧孫女,王太好一段日子也在思考這個問題:究竟選擇照顧孫女還是繼續工作,有時甚至因想得太多而失眠。這天兒子剛巧又問起這個問題,她忽然哭了起來,責罵兒子不關心她的身體,只關心她是否可以幫忙照顧孫女。兒子見她發脾氣,便不敢再追問。

王太一方面懷疑自己的能力不足以應付照顧孫女,但若不答應,又怕兒子媳婦會因這件事而惱她。她內心忖度:「如果照顧孫兒這樣一件小事也幫不上忙,我在他們的心目中便再不是一位好母親,我的兒媳以後都不會再來探望我。」 自此,她晚上經常失眠,做事提不起勁,鬱鬱寡歡,神不守舍,像抑壓着很多心事。

是甚麼原因令王太患上抑鬱症呢？

是上述事情導致她患上抑鬱症，還是另有玄機？

若要減輕病況，便要先找出病源，究竟王太的致病源頭在哪裡？

（一）何謂負面情緒？

● 簡單來說，負面情緒就是不開心的感覺，例如：擔憂、緊張、憤怒、煩躁、悶悶不樂等。

● 但情緒本身是自然的反應，喜怒哀樂人皆有之。難過的時候不開心，其實自然不過，我們不但不需要去壓抑，還應該讓它在合理的渠道下宣洩出來。

● 問題在於若我們長時間處於情緒低落的狀態底下，而又不懂得運用一些恰當的方法作出調適，這就很容易衍生出不同的情緒病，如抑鬱症就是一個例子。

為何要認識負面情緒

要對抗抑鬱症，便要找出促使我們長期處於情緒低落的原因。按我們的理解，問題出自我們對外間事物的不良思想、行為及身體反應。

我們將引用「王太記事簿」這個例子，去探討導致王太產生負面情緒的根源。我們不少的練習是需要你自己填寫，這有助加強你對內容的印象及理解。若你能跟隨每個步驟的指示去完成，定會獲益良多。

（二）負面情緒與引發事件

● 弄致王太鬱鬱寡歡原因有很多，困擾她的煩惱事也不只一件。

● 首先，據記事簿所述，你認為哪些事件引致她產生負面的情緒呢？

請寫下困擾王太情緒的事件：

```
------------------------------
------------------------------
------------------------------
------------------------------
```

你已經寫下了答案，對嗎？那麼，就請聽聽我們的意見。

據我們理解，發生了以下幾件事情後，王太的情緒明顯地受到困擾：

事件一　王太最近工作很忙，時常遲放工，很多時甚至趕不及回家做晚飯，惹來丈夫女兒的怨言。

事件二　以往兒媳每星期均回來探望父母，但近來有好一段日子都未有上門探望，跟她喝茶吃飯。

事件三　媳婦快將臨盆，希望王太幫忙照顧孫女，王太正考慮應否答應媳婦的要求而辭去現時的工作，但同時又擔心自己力不從心，應付不來。

你是否贊同這些事件是導致王太情緒低落的原因呢？且慢，除了事件引發情緒，我們似乎還看到其他問題。

（三）負面情緒、引發事件與身體反應

● 不愉快事件引發負面情緒，同時也引起一些不良的身體反應或毛病。

● 不良的身體反應導致她的情緒更見低落。從王太記事簿裡你看

見她身體有何種變化或反應呢？

請寫下王太身體不適的例子：

- -

- -

- -

- -

我們從記事簿中見到王太身體有明顯的不適現象：

(1) 胃口下降，不想吃東西；

(2) 出現頭痛、骨痛的現象；

(3) 晚上睡得不好，有失眠情況。

王太為超時工作不能好好照顧家人，及應否答允照顧孫女而煩惱。隨之而來就是睡得不好，沒有胃口等毛病的出現，這些不良的身體反應加深了她的情緒問題。

試想想，若晚上睡得不好，日間沒精打采，工作會變得更沒有效率，需要加班的時間可能更長，弄致照顧家人的時間更短，情緒更加低落。從這方面看，身體不適對王太的情緒確佔有一定的影響力。

（四）負面情緒、引發事件、身體反應與行為反應

- 除了事件、身體狀況外，還有甚麼因素導致負面情緒的產生呢？
- 王太在行為方面，也讓人感覺到她近來的情緒欠佳。你是否也觀察得到呢？

請寫下哪些行為反映出王太的情緒低落：

我們察覺到一些明顯的行為，別人一眼便看得出王太的情緒欠佳：

(1) 把拿在手裡的碗筷大力放在桌面上，立即走進廚房飲泣；

(2) 沒有跟丈夫女兒說半句話便走進房間躺在床上，定睛望着天花板；

(3) 做事提不起勁；

(4) 神不守舍。

以上種種，我們覺察到王太的情緒確實出現了問題，並影響到她的日常生活。但造成這負面情緒的根源是甚麼呢？是事件本身，是身體毛病，還是行為反應？

（五）身體、行為、思想等反應與負面情緒及引發事件的關係

• 影響王太情緒起伏的關鍵，你有否留意到與她的思想反應有關呢？

• 當時有何種思想浮現在王太的腦海裡，與負面情緒又有甚麼關係呢？

當時王太腦海裡浮現出來的一些想法：

　　我們察覺到王太差不多滿腦子是負面的想法：

　　（1）她懷疑兒女媳婦討厭她：「我是否做得不好，兒女媳婦個個都討厭我，假日都不跟我喝茶吃飯。」

　　（2）覺得家人不體諒及不再喜歡自己：「我要工作又要兼顧家庭，他們不但不體諒，還要埋怨我，他們看來已經不再喜歡我。」

　　（3）懷疑自己的能力：「如果照顧孫女這樣一件小事也幫不上忙，我的兒媳都會不再探望我，我也稱不上一位好母親。」

　　起初，我們也許會覺得王太產生負面情緒的原因，是工作及家庭問題造成的。但當我們深入探討她的思想反應時，我們不難看到她的情緒問題可能與思想有更密切的關係。

　　據我們分析，王太負面情緒的由來，主要不是事件本身，而是由於事件而引發起情緒、身體、行為、思想等不良反應而造成。而這種種的不良反應中，思想反應是影響情緒反應的主因。

　　從上面例子看到：

　　（1）王太懷疑自己做得不好，所以子女媳婦討厭她；

　　（2）她覺得既要工作就無法好好的兼顧家務，家人不再喜歡她，不再需要她；

　　（3）同時，亦懷疑自己若不幫忙照顧孫女，便稱不上是位好母親。

　　這些負面思想反應，似乎才是形成負面情緒的根源。正如在本篇開始時所言：**事件本身並不是問題，是你如何理解及處理事件才是問題的所在。**倘若你還未能認同我們的分析，便請大家再深入些探討王太的思想問題。

（六）思想對事件、身體、行為、情緒的影響

　　●大多數人都認為情緒的起伏是由外在環境因素影響而成，例如：被老闆責罵、被同事揶揄、子女不孝順等。

　　●但從上面的分析中說明其實個人因素，例如：我們的思想、身體、行為等反應對情緒的影響更大。

　　●而三者中尤以思想影響我們的情緒最為重要。

　　試以王太記事簿為例：

　　事件一　王太超時工作後返家，聽到家人抱怨近來常吃飯盒。**（事件本身）**

　　（1）王太開始懷疑丈夫兒女不體諒她，不再喜歡她；**（思想反應）**

　　（2）心裡有氣，頭很痛；**（身體反應）**

　　（3）把手裡的碗筷大力放在桌面上，走進廚房飲泣；（**行為反應，**逃避事件）

　　（4）因此，王太覺得不開心。**（情緒反應）**

　　以你理解，在芸芸反應中，哪一項才是導致王太陷入負面情緒的主因呢？

　　☆我覺得 ＿＿＿＿＿＿＿＿＿＿＿ 影響王太的負面情緒最重要。

　　事件二　臨出門喝早茶前，兒媳打電話來說身體不適，不能陪她

喝茶。（**事件本身**）

（1）王太懷疑自己做得不好，兒女媳婦個個都討厭她，假日都不跟她喝茶吃飯；（**思想反應**）

（2）全身骨痛，沒有胃口；（**身體反應**）

（3）沒有跟家人說半句話便走回房間躺在床上，定睛望着天花板，丈夫叫她也不肯出門吃早餐；（**行為反應**）

（4）因此，王太覺得不開心。（**情緒反應**）

以你理解，在芸芸反應中，哪一項才是導致王太陷入負面情緒的主因呢？

☆我覺得 ＿＿＿＿＿＿＿＿＿＿＿＿ 影響王太的負面情緒最重要。

在芸芸反應中，我們覺得**思想反應是導致負面情緒最重要的一環**。

對同一件事情有不同的理解，結果可以很不一樣。我們試以相同事件，再從另一個正面的角度作一比較：

正面的思想反應

事件一　王太聽到家人抱怨近來常吃飯盒時（**事件本身**）

（1）她想：「兒女丈夫不喜歡吃飯盒也是合理的，沒有多少人會喜歡吃飯盒嘛！」（**思想反應**）

（2）王太跟家人解釋自己很忙，自己也不想吃飯盒，然後建議不如輪流做飯，便不用每晚吃飯盒；（**行為反應**）

（3）王太心平氣和跟家人講出自己的問題，王太情緒獲得舒緩，頭痛、失眠等現象也隨之而消失；（**身體反應**）

（4）心情也得以回復平靜。（**情緒反應**）

　　王太從一個不同的角度去看問題，故行為、身體、情緒等反應亦會有所不同。

　　事件二　　王太約了兒媳喝早茶，但臨出門前，兒媳打電話來說身體不適，不能陪她。事實上，媳婦近日常有作嘔作悶的情況。（**事件本身**）

　　（1）王太心想：「懷孕不適是常有的情況，其實兒媳對我也不錯，假日都會約我喝茶吃飯，只是碰巧她今天又不舒服。其實也應該叫她多休息才對。」（**思想反應**）

　　（2）王太聽完電話後，主動叫丈夫女兒去喝早茶，然後跟着去探望媳婦；（**行為反應**）

　　（3）王太身體的不適例如頭痛，骨痛等沒有出現；（**身體反應**）

　　（4）王太沒有因為兒媳沒法到來而不高興。反之，她對媳婦的關心和體諒換來家中充滿融洽愉快的氣氛。（**情緒反應**）

　　王太從另一個思想角度看問題，行為、身體、情緒等反應亦有所不同。

　　正如上文所述，對事件的看法總有正面及負面兩個看法。凡事往壞處想，情緒也跟着轉壞；若從正面理解事件，情緒便會迥然不同。

（七）總結

　　從本章中，我們得知：

　　（1）在面對看來不愉快的事件時，我們的身體、思想、行為及情緒都會出現一些慣常（習以為常）的反應。而這些反應往往會使我們繼續陷入負面及不愉快的生活中；

（2）若要改善抑鬱的情緒，我們便要了解自己這些習以為常的負面或不良反應，並在不愉快事件出現時，立刻改變這些壞習慣。

> 人和事一樣，從不同的角度看，會有不同的觀感；
>
> 下結論前，不妨從不同的角度多看幾次。

(八) 你的習作

為了加強大家對思想、行為、身體等反應與負面情緒關係的認識，及了解自己對本章理解有多少，請你根據剛才的分析方法，做下面這個練習。（參考答案見第 49 頁）

阿仁記事簿

阿仁從中七畢業至今，工作一直不順利。他告訴朋友：「甚麼工作都可以，只要生活安定。」但內心想的卻是另一回事：「為甚麼出來工作好幾年，仍是做些職位低微的工作？」

其實，身邊的朋友頗欣賞阿仁的創作及做事能力，只是覺得他太憤世嫉俗，無論甚麼事情他總是往壞的一面去想。近幾年，他患上抑鬱症，需要定時服藥。

半年前，阿仁經朋友介紹下到一間廣告公司工作，他覺得這份工作很適合自己，認為可以發揮自己的創作潛能，

而他的表現亦備受上司讚賞。直至上個月，公司聘請了一位大學畢業生後，上司經常稱讚這位新同事。自此，阿仁開始覺得：「若果不是他的學歷高，老闆就不會欣賞他。」

有一次，上司要求各同事預備一份計劃書，阿仁通宵達旦地努力去完成這項任務。但經過各人一番討論後，上司決定採用新同事的建議。阿仁當時極度失望及氣憤，即時滿面通紅並用力拍枱，怒氣沖沖地責罵上司：「他有甚麼東西比我好，為甚麼你選擇他的而不選擇我的？」

最終阿仁被辭退，從此次後，阿仁的情緒變得極度低落……

（1）引起阿仁情緒極度低落的原因 / 事件：

（2）當時阿仁身體有甚麼反應或變化：

（3）在上述事件當中，他有哪些情緒反應：

（4）當時阿仁出現哪些行為反應：

（5）阿仁當時有何想法（思想反應）？他覺得是甚麼原因導致上司
不採納他的建議：

請從另一個角度，給予阿仁一個正面想法的建議：＿＿＿＿＿＿＿

重新認識自己

　　為了鞏固你今天所學所得，請以上述練習為藍本，整理一件影響
你情緒的事件，根據下面的步驟填寫，讓你重新對自己的思想、行為

及身體等反應與負面情緒的關係有所認識。

(1) 引起你情緒極度低落的原因／事件：

_____

_____

_____

_____

(2) 你當時身體有甚麼反應或變化：

_____

_____

_____

_____

(3) 在上述事件中，你有哪些情緒反應：

_____

_____

_____

_____

(4) 你當時有哪些行為反應：

_____

_____

_____

_____

(5) 你當時的想法，覺得是甚麼原因導致你的情緒受到困擾：

_____

_____

_____

_____

請從另一個角度，用正面的想法再作思考：　_____

_____

_____

（九）你的得益

● 總括來說，在本章中，我對自己的學習表現給予 _____ 分。
（0 分最差、10 分最高）

● 看看你學懂了多少，答案在下頁的註腳：

(1) 影響情緒的原因包括哪四個因素： i. _____ ①

ii. _____

iii. _____

iv. _____

(2) 影響情緒最主要的原因：_____ ②

(3) 當出現 _____ ③ ，很多時是產生負面情緒的先兆。

(4) 負面情緒包括：_____ ④

● 在本章的練習中，我學會：

_____

_____

_____

_____

_____

---

① 引發事件、身體反應、行為反應、思想反應
② 思想反應
③ 身體反應，例如：頭痛、心跳
④ 擔憂、緊張、憤怒、煩躁、悶悶不樂等

附錄 「阿仁記事簿」的參考答案

（1）引起阿仁情緒極度低落的原因／事件：
　　☹ 上司要求各同事預備一份計劃書，阿仁通宵達旦地努力
　　　去完成，希望計劃書得到接納，但經過各人一番討論後，
　　　上司決定採用新同事的建議。

（2）當時阿仁身體有哪些反應或變化 ：
　　☹ 滿面通紅

（3）在上述事件當中，他表現出哪些情緒反應：
　　☹ 極度失望及氣憤
　　☹ 情緒極度低落

（4）當時阿仁有哪些行為反應：
　　☹ 用力拍枱
　　☹ 怒氣沖沖地責罵上司

（5）你覺得當時是甚麼思想反應，導致事件發生：
　　☹ 認為上司嫌棄他學歷較別人低

　　你對阿仁的思維想法又有何建議？舉例說，你也許會認為：今次
的計劃書不被接納，只因別人的確比自己做得好。自己應該繼續努力
及進修，下次再作嘗試。

情心對話

──情緒溫度計與身心思維自我分析表

本章學習目的

（1）希望透過本章，讓你嘗試接觸自己的情緒，學習如何去量度自己的情緒變化，了解自己情緒變化背後的原因。

（2）學習使用身心思維自我分析表來了解自己的慣性負面及不良反應。

王太記事簿

每到假日，當子女有他／她們自己的節目安排時，王太就會跟丈夫和朋友一起到郊區旅遊，然後喝茶聊天。

這種假日消閒方式已經維持了很長的時間，但近來不知為甚麼她越來越不想與這些朋友見面，只希望留在家中睡覺。不僅如此，以前還喜歡看電影和逛街等，但現在她對這些活動也完全沒有興趣。丈夫也發覺她有點不對勁，問：「你為甚麼近來性格變了，有點怪怪的？」她沒有回答，只覺得不知為何越來越不想跟丈夫傾談，覺得他好像不再愛自己……

這天兒子回家吃飯，見她仍未正式答覆是否願意為他照顧即將來臨的女兒，便再問起她會否幫忙照顧孫女。她聽後忽然哭了起來，責罵兒子不關心她的身體，只關心自己的女兒是否有人照顧。兒子見她發脾氣，便不敢再追問。

究竟是甚麼因由，令王太的性情有如此明顯的轉變呢？

兒子的一句說話，又為何會惹來王太流淚，甚至大發脾氣？

（一）何謂情緒溫度計？

• 你對自己的情緒及身體狀態有多少了解呢？我們希望透過情緒溫度計這個練習：

（1）讓你嘗試了解自己的情緒指數，並認清哪個指數是自己情緒失控的警戒線；

（2）讓你嘗試接觸自己的情緒，學習如何去量度自己的情緒變化，以及了解變化背後的原因。

（二）你的情緒指數

請回顧過去一星期你的情緒狀況，然後在「情緒溫度計」中圈出你的平均情緒指數：

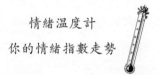

情緒溫度計
你的情緒指數走勢

（0分情緒非常差，10分情緒非常好。）

情緒 溫度計	0	1	2	3	4	5	6	7	8	9	10

（1）量度了過去一星期的情緒指數後，你認為是甚麼原因導致你

有上述的情緒指數呢？

（2）是否你的思想、行為，還是身體變化令到自己如此不開心呢？

（3）讓你在情緒起伏的時候能利用這個情緒溫度計來了解自己的情緒。同時，你還要問問自己：「我的情緒是否已到了失控的警戒線呢？」

（4）你或許暫時還未找到這個警戒線的情緒指標，但請多留意自己的情緒起伏，我們相信你定能找得到。

你這刻的情緒指數

現在，就讓我們考考你，這刻你的情緒指數有多少呢？0-10 分，你會給自己多少分數呢？請在下表中圈出你的答案。

情緒 溫度計	0	1	2	3	4	5	6	7	8	9	10

是甚麼原因使你在這刻有這個情緒指數呢？（事件、思想、行為及身體變化）

原因是：_____

_____

_____

_____

（三）身心思維自我分析表

為何要填寫身心思維分析表？

　　● 為了幫助你深入探討是甚麼原因引致你的情緒指數得分欠理想時，我們要盡快找出背後的原因，避免情緒繼續往下走及日後重蹈覆轍。身心思維自我分析表可以幫助自己找出個人情緒起伏的因由。

　　● 當你有更多機會利用這個表來分析自己的思想、行為、身體及情緒反應時，你便會看到自己的一些負面及不良反應。

分析的內容

　　身心思維自我分析的內容，是根據你過往一星期所發生的事情，填寫多件令你在「情緒溫度計」中得分較低的事情，然後加以分析。內容大致分為：引發事件、思想反應、身體反應、行為反應及情緒反應等。

（四）情緒溫度計與身心思維自我分析表之一

　　這環節是本課題重要的一部分，所以在日後的練習中仍會出現，內容將隨該課題的重點而加以調整。

　　請回想過去一星期有哪些事情發生而令致你情緒低落，選取其中三項得分最低的事件並按下面的次序寫下來。

身心思維自我分析表

　　引發事件（一）〔情緒指數〕：＿＿＿＿＿＿＿＿＿

　　思想反應：＿＿＿＿＿＿＿＿＿＿＿＿＿＿＿＿＿

　　身體反應：＿＿＿＿＿＿＿＿＿＿＿＿＿＿＿＿＿

　　行為反應：＿＿＿＿＿＿＿＿＿＿＿＿＿＿＿＿＿

　　情緒反應：＿＿＿＿＿＿＿＿＿＿＿＿＿＿＿＿＿

你如何處理：＿＿＿＿＿＿＿＿＿＿＿＿＿＿＿＿＿＿＿

＿＿＿＿＿＿＿＿＿＿＿＿＿＿＿＿＿＿＿

＿＿＿＿＿＿＿＿＿＿＿＿＿＿＿＿＿＿＿

引發事件（二）〔情緒指數〕：＿＿＿＿＿＿＿＿＿＿＿

思想反應：＿＿＿＿＿＿＿＿＿＿＿＿＿＿＿＿＿＿＿

身體反應：＿＿＿＿＿＿＿＿＿＿＿＿＿＿＿＿＿＿＿

行為反應：＿＿＿＿＿＿＿＿＿＿＿＿＿＿＿＿＿＿＿

情緒反應：＿＿＿＿＿＿＿＿＿＿＿＿＿＿＿＿＿＿＿

你如何處理：＿＿＿＿＿＿＿＿＿＿＿＿＿＿＿＿＿＿＿

＿＿＿＿＿＿＿＿＿＿＿＿＿＿＿＿＿＿＿

＿＿＿＿＿＿＿＿＿＿＿＿＿＿＿＿＿＿＿

引發事件（三）〔情緒指數〕：＿＿＿＿＿＿＿＿＿＿＿

思想反應：＿＿＿＿＿＿＿＿＿＿＿＿＿＿＿＿＿＿＿

身體反應：＿＿＿＿＿＿＿＿＿＿＿＿＿＿＿＿＿＿＿

行為反應：＿＿＿＿＿＿＿＿＿＿＿＿＿＿＿＿＿＿＿

情緒反應：＿＿＿＿＿＿＿＿＿＿＿＿＿＿＿＿＿＿＿

你如何處理：＿＿＿＿＿＿＿＿＿＿＿＿＿＿＿＿＿＿＿

＿＿＿＿＿＿＿＿＿＿＿＿＿＿＿＿＿＿＿

＿＿＿＿＿＿＿＿＿＿＿＿＿＿＿＿＿＿＿

　　為了協助你説出自己的感受，下面歸納了一些形容情緒的用詞，希望有助你的表達。

不開心　擔憂　緊張　失落　憤怒　煩躁　恐懼　沮喪　焦慮　悶悶不樂

今天我覺得

（五）開開心心過日子

　　要戰勝抑鬱症的情緒，除了改變自己的思想，我們亦要建立一個積極及快樂的生活，很多抑鬱症的患者根本沒有給機會自己去做一些令個人開心的事情，終日把自己埋首在負面的思想及情緒中。

　　在這個環節，我們可花些時間去尋找或尋回一些使自己快樂的事情。在未來的幾個星期中，嘗試找機會做一些令自己開心的事情。讓大家先來完成這個練習吧！

開心行動表（參考例子）

開心指數	活動項目	完成活動的信心指數
10	到日本旅行	40%
9		
8		
7		
6	參加太極班	60%
5		
4		
3		
2		
1	到喜愛的酒樓吃晚飯（在未來數天）	100%

試參照上頁「開心行動表」例子，為自己的生活訂立開心行動吧！

開心行動表

	活動項目	完成活動的信心指數

開心
指數

10
9
8
7
6
5
4
3
2
1

在未來一星期內，你打算完成哪一項開心行動表內的活動呢？

活動：_____

日期：_____

時間：_____

希望下星期打開這本手冊時，你已完成上述的活動了！

（六）總結

（1）影響情緒的因素可分為環境因素及個人因素，若果個人因素有所改變，例如你將某些負面的思想改為正面的思想，你認為上星期的情緒指數是否會有所改變呢？

（2）我們較容易控制個人因素而較難控制環境因素。所謂捨難取易，若要改善情緒，我們最好學習如何掌握及改變個人因素，學懂適應環境因素。

（七）你的習作

（1）在未來一星期，把三個使你情緒指數低落的事件寫下來，並作出分析。

身心思維自我分析表

引發事件（一）〔情緒指數〕：_____

思想反應：_____

身體反應：_____

行為反應： _____

情緒反應： _____

你如何處理： _____

_____

_____

引發事件（二）〔情緒指數〕： _____

思想反應： _____

身體反應： _____

行為反應： _____

情緒反應： _____

你如何處理： _____

_____

_____

引發事件（三）〔情緒指數〕： _____

思想反應： _____

身體反應： _____

行為反應： _____

情緒反應： _____

你如何處理： _____

_____

(2) 從本章的許多練習中，你是否已找到你的情緒失控警戒指數
呢？

_____

（3）在思想、身體、行為、情緒等反應中，你認為哪項反應最影響你的心情呢？

（八）補充資料

「情緒溫度計」這個技巧，主要是協助你了解此時此刻的情緒狀況，以及會引致這種情緒狀態的因素。透過情緒溫度計的練習，你可以警覺到自己的情緒變化。情緒的指數一般由 0 至 10，0 ＝極不開心，10 ＝非常開心。

除此之外，情緒溫度計還有其他用途，透過情緒溫度計的練習，你可檢視一下自己在過去一星期的情緒狀態。如有任何改變，你可以回想之前的種種環境及個人的行為或思維因素，並探討這些因素怎樣影響你的情緒變化。當情緒改變是正面的時候，你可繼續保持這些適當的行為及想法；但倘若你的情緒改變是負面的話，你要思考在未來一星期裡，怎樣提升自己的正面情緒。

再者，從這個溫度探測中，你可以嘗試定出自己的最低情緒警戒線。所謂「情緒警戒線」，是指情緒失控的缺口。當你察覺自己的情緒臨近這個缺口時，你便要立即提醒自己去做一些事情（例如：飲水）或不要做一些破壞性的行為（例如：罵人）。當然，你未必能在短時間內找到這個「警戒線」。但不要緊，你只要多練習，並時常問自己：「我的情緒指數到了哪個分數便會開始失控呢？」

思想陷阱

——九大思想陷阱剖析

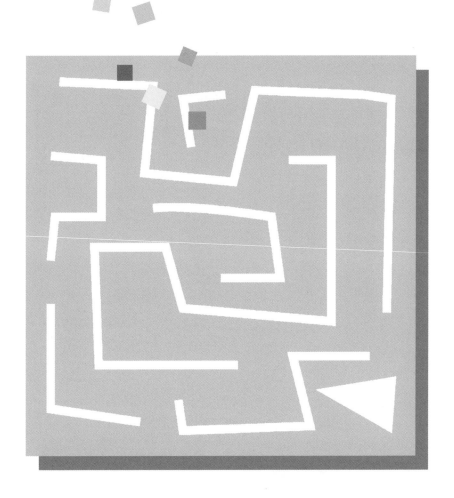

◤ **本章學習目的** ▶ -

透過本章，你應該懂得以下兩點：

(1) 認識思想反應裡面有哪些思想陷阱；

(2) 思想陷阱如何影響及困擾我們的情緒。

王太記事簿

還記得王太在本書第三章的種種想法嗎？

王太一直以來都認為：「身為職業女性，也要把家庭照顧妥當，才算是一位稱職的妻子及母親。」所以除了工作，王太都會為家中各人操心，照顧周到，並肩負起家中大小事務。

王太最近的工作很忙碌，時常需要超時工作，以致未能趕回家預備晚飯。一天，她放工後買了飯盒回家，聽到女兒和丈夫抱怨近日要吃飯盒，埋怨她為甚麼不早點回家弄飯。王太即時覺得心裡有氣，滿心委屈地想：「我要工作又要兼顧家庭，他們不但不體諒，還要埋怨我，他們看來已經不再喜歡我。」

另方面，有一次兒媳約了王太喝早茶，但臨出門前打電話來說身體不適不能來。王太聽完電話，心裡便湧現出一個想法：「我是否做得不好，兒女媳婦個個都討

厭我，假日都不跟我喝早茶。」她頓時覺得不開心，不肯跟王生出門吃早餐。

此外，王太正躊躇是否應答應兒子照顧孫女，但怕若不答應，兒子媳婦會因這件事而惱她：「如果照顧孫兒這樣一件小事也幫不上忙，我在他們的心目中便再不是一位好母親，我的兒媳以後都不會再來探望我。」

王太在不同事件上都有自己的一套慣常想法，你知道這套想法會怎樣影響到她的情緒呢？

你自己又是否有一套慣常想法呢？

開心行動日

在未開始進入本章練習前，我們先想問問大家，在過去一星期有否完成你的開心活動呢？

開心活動內容

如有，你的感覺如何：＿＿＿＿＿＿＿＿＿＿＿＿＿＿

如沒有，是甚麼原因：＿＿＿＿＿＿＿＿＿＿＿＿＿＿

（一）思想反應

（1）所謂「思想反應」，是我們對事物的一些判斷及看法。這些反應是自幼受到家庭（家人的處事方式、對自己的評價）、社交生活及社會氣氛所影響，並逐漸累積而成的。

例如：

- 我們自幼便認為讀書不成便沒有前途。

- 某次，當自己考試成績欠理想，你即時便會覺得人生沒有希望。

- 但大部分的考試成績還是不錯，只可惜，我們把注意力集中在一些負面的事情上。

（2）這些多年來建立起來的思想反應，使我們在面對某些情境時便不自覺地浮現出來，並影響我們的判斷。這些判斷有時合情合理，但有時只反映了部分事實。

（3）幸好，研究反映出透過自我反省，我們可以重新建立及學習一些正面及良好的思想反應。

例如：

- 當我們覺得自己一次考試成績欠佳便沒有前途時，我們該停下來問自己：「這是否真確呢？」並嘗試找出事實的真相。

- 但要做到這一點卻並不容易，大家都可能會認為「當局者迷」，很難即時便察覺自己的想法，以及平伏自己的情緒。

- 要做到這一點，我們必先要：

i.　留意自己的情緒起伏；（＊可用情緒溫度計來探探熱）

ii.　了解自己的思想形態。

（二）思想陷阱

（1）説到陷阱，當然是一些不好的東西。簡單來説，思想陷阱就是一個由你的慣有思想裡面挖掘而成的地洞。若果我們沒留神或不小心，不自覺地以慣常的一些負面及不良的思維方式去判斷某些人和事，那麼，我們就跌進自己的思想陷阱裡。

例如：

- 大家認為染髮穿耳的年輕人都態度囂張。
- 故而對這類年輕人的言行都會有負面的想法及回應。

（2）思想陷阱是由我們慣有的思想衍生而成，我們若不改變這類思想反應，便不能走出思想陷阱，亦即不能擺脫被負面情緒的困擾。

例如：

- 其實，我們在理性上都很明白絕大部分染髮穿耳的年輕人都不是態度囂張的，但每當我們遇上這些年輕人時，便不由自主地作出負面的判斷，並可能避免跟他們說話，結果只會加深雙方的誤解。

- 從這個例子中，我們明白如果不改變這些思想習慣，便不能跳出某些思想陷阱。

究竟在我們思維中有哪幾種類似的思想陷阱呢？

（三）思想陷阱的類型

思想陷阱會以很多不同的形態，在不同的場景中出現，但為了讓你們較容易明白，我們將它們分為以下九個類型：

現在，讓我們先考考大家對這些類型的理解吧！

以下是思想陷阱其中一個類型的典型例子：

- 如果我再找不到工作，我全家人都不會再理睬我，她們都會離開我。
- 我變成這個樣子，他們「一定」看不起我，「一定」不會跟我做朋友。
- 若考不上大學，我便一定沒有前途。

上述例句應歸類為：  非黑即白

*非黑即白　即「絕對化」思想，其意思是有些人看事情只有一個絕對的結果，不可能存在其他可能　。換句話說，這些人對事情的看法只有是與不是，錯與對，中間沒有灰色地帶。

思想陷阱其餘八個類型，現在開始由你歸類，請把正確答案填上，我們隨後會為你解答。但記着，這裡每個例子所屬的思想陷阱類型可能會多於一個：

（1）—兒子不能升讀大學，是因為我讀書少，不懂得教導他。
　　　—同事們今天面色都很難看，很可能是我開罪了他們。
　　　—丈夫跟我離婚，都是我不好，我不懂得好好的遷就他。

上述例句應歸類為：

（2）—為人母親，養育子女是應該的，有甚麼值得驕傲！

　　—我沒有幫上甚麼忙，全都是他們的功勞。

　　—今次考試有好成績，全因為運氣好，如果不是運氣，我
　　　多努力也沒有用。

上述例句應歸類為：

(3)　—我這段日子沒有精神，也沒有胃口，難道有了胃癌？

　　—兒子過時還未回家，是不是發生了甚麼意外呢？會不會
　　　跟了壞人做朋友？

　　—老闆近來好像對我諸多挑剔，可能在找藉口辭退我。

上述例句應歸類為：

(4)　—事情一遇到阻滯就不自覺地認為：「我多努力也是徒然，
　　　何必強求呢。」

　　—事情還未開始便退縮：「我想，我還是辦不到！」

　　—事情稍為出了小問題就覺得：「我多不中用，我不是說
　　　過自己是個倒霉的人嗎？」

上述例句應歸類為：

(5)　—這位醫生很年輕，醫術看來也不會高明。

　　—看你這副樣子，你做其他事情都不會做得好。

　　—那餐廳的意粉很難吃，其他食品一定也不會好吃。

上述例句應歸類為：

（6）—今晚參加宴會，究竟穿那一款裙子較好呢？隆重些還是隨
　　　便些，不知哪一款比較適合？不知主人家的想法怎樣？

　　　—兒子看來精神不大好，但又好像沒有多大問題，究竟是否
　　　要即時帶他去看醫生呢？還是先找個朋友問一下意見？

　　　—我應否告訴媽媽我已經有了男朋友？告訴了她會怎樣？
　　　她會否即時不讓我跟他來往？但不告訴她而被她知道的
　　　話，她又會怎樣？

上述例句應歸類為：

（7）—早上起床已經沒有心情，今日肯定甚麼事情也不會做得好。

　　　—我的抑鬱病又發作啦，今天晚餐我不能為你們做菜。

　　　—我的心情不在狀態，請今天不要跟我談任何事。

上述例句應歸類為：

（8）—我已經盡力仍輸掉球賽，這都是隊友不好，他們不夠合作。

　　　—若不是小朱走得慢，我便不會誤了一班車，都是小朱害我
　　　的。

　　　—為甚麼上天這樣對我，我熟讀了的考試題目全沒有出現在
　　　試卷上。

上述例句應歸類為：

你們已經填寫妥當，對嗎？那麼，請對照我們的答案。

（1）**諉過於己**　即「個人化」思想；每當出現問題時，有這種思維的人往往把責任歸咎於自己身上，並認為是自己的錯。

這組例句說明無論發生甚麼事情，在沒有分析事件的始末前，當事人總會將所有問題都歸咎於自己身上：

「兒子不能升讀大學，是我不懂得教導他。」

「同事們今天面色都很難看，是我開罪了他們。」

「丈夫跟我離婚，是我不懂得好好的遷就他。」

長時期把問題歸咎於自己身上的人，又哪會感到快樂和平安呢？

（2）**貶低成功經驗**　這些人把成功的經驗多歸因於別人的身上，或會認為這只是僥倖，又或沒有甚麼了不起。並沒有體驗為自己的努力所至。總之，認為成功不是自己的功勞。

這組例句說明我們不懂得欣賞自己的努力：

「養育子女是應該的，有甚麼值得驕傲！」

「我沒有幫上甚麼忙，全都是他們的功勞。」

「考試有好成績，全因為運氣好。」

這些人忽視自己成功的經驗，叫自己無法建立自信心。

（3）**大難臨頭**　把事情的嚴重程度擴大，推至「災難性」的地步。

這組例句說明我們在碰到一些不如意的事情發生或遇到某些阻滯時，第一個念頭都會傾向往壞的一方去想，並往往推想出誇大而嚴重的後果：

「沒有胃口，難道有了胃癌？」

「兒子過了時還未回家，是否發生了意外？」

「老闆對我諸多挑剔，可能想找藉口辭掉我。」

這些人會把日常平凡的經歷或問題推想到極端嚴重的情況，他們的人生充滿着焦慮、不安和絕望。

（4）**否定自己**　這些人不斷向自己說負面的說話，以致意志消沉。

這組例句說明我們習慣性地產生負面的思想：

「我多努力都是枉然。」

「我想，我還是辦不到！」

「我甚麼都失敗！」

這些人在面對問題時總是表現得無能為力，故事事都解決不來，使自己更沒信心及意志消沉。

（5）**妄下判斷**　在沒有甚麼理據下，把事情的結果推斷為負面。

這組例句說明我們在沒有細心考慮原因前便會為事情下了定論：

「這位醫生太年輕，根本無能力醫治我的病。」

「看你這副樣子，你能做出甚麼好東西。」

「餐廳的意粉很難吃，其他食品也一樣。」

這些人的思想可能很偏激，以致無法看出事實的全部。因此，他們往往會面對不安、氣憤和消沉等情緒。

（6）**左思右想**　面對事情不夠果斷，猶豫不決。

這組例句說明有些人做事優柔寡斷，無論大小事情也可能花上好一段長的時間去思量和考慮：

「穿那一款裙子去參加宴會較好呢？主人家的想法怎樣？」

「究竟應否帶兒子去看醫生呢？應否找多個朋友詢問一下意見。」

「應否告訴媽媽已經有男朋友？媽媽知道後的反應會怎樣？」

這些人會花很長的時間去下一個決定，以致事事都做不來，打擊了自己的自信心和能力。

（7）**感情用事**　以感覺作判斷或結論，忽略事情的客觀事實。

這組例句說明有些人以情緒為主導：

「起床已經沒有心情，今日肯定甚麼事情也不會做得好。」

「抑鬱病發作，今天晚餐我不能為你們做了。」

「我的心情不在狀態，今天不談任何事。」

這些人讓負面情緒做了自己的主人，被波動的情緒牽着自己走，直接影響自己的判斷力及行為表現。

(8) **怨天尤人**　推卸責任，凡事歸咎他人或埋怨上天。

這組例句說明有些人遇到問題時都不會積極面對，只會抱怨他人。

「輸掉球賽都是隊友不好，不夠合作。」

「因為小朱走得慢，我才會誤了一班車，都是他害我。」

「考試沒有出我熟讀了的題目，是上天不好，沒有眷顧我。」

這些人因為將問題全放在他人身上，只感到自己的無辜或不幸，從而失去尋求解決問題的動機。

（四）思想陷阱與情緒

無論是甚麼類型的思想陷阱，一旦跌入這些陷阱，我們的情緒不期然就會受到牽連，使情緒起伏不定。

若你認清自己的思想陷阱，不讓自己跌進這些思想陷阱裡，你的抑鬱情緒便可得到改善。

以本章的王太記事簿為例，她腦海裡不時出現一些不同類型的思想陷阱，她每一次跌進陷阱，她的情緒便受到影響。

為測試你對思想陷阱有多少理解，及思想陷阱與情緒的關係，請依據下面的例子，先行寫下你認為出現於王太身上的思想陷阱類型，以及這些陷阱與情緒的關係。若你們一時未能解答得到，請不要緊，我們會隨即給你解答。

五 思想陷阱 77
——九大思想陷阱剖析

王太的思想陷阱

想法一 「身為職業女性，也要把家庭照顧妥當，才算是一位稱職的妻子及母親。」

```
思想陷阱類型：_ _ _ _ _ _ _ _ _ _ _ _ _ _ _ _ _ _ _ _ _ _ _
與情緒的關係：_ _ _ _ _ _ _ _ _ _ _ _ _ _ _ _ _ _ _ _ _ _

             _ _ _ _ _ _ _ _ _ _ _ _ _ _ _ _ _ _ _ _ _ _ _

             _ _ _ _ _ _ _ _ _ _ _ _ _ _ _ _ _ _ _ _ _ _ _
```

思想陷阱類型：**非黑即白**

與情緒的關係：王太認為身為職業女性，要把家庭照顧妥當，才算是一位稱職的妻子及母親。她不會想到就算有一方面未能兼顧得好，其實她還是一位好妻子及母親。這是非黑即白的思想陷阱。王太認為事情只有一個絕對的結果，故常常會因為達不到自己的要求，而導致自己十分沮喪。

想法二 「我要工作又要兼顧家庭，他們不但不體諒，還要埋怨我，他們看來已經不再喜歡我。」

```
思想陷阱類型：_ _ _ _ _ _ _ _ _ _ _ _ _ _ _ _ _ _ _ _ _ _ _
與情緒的關係：_ _ _ _ _ _ _ _ _ _ _ _ _ _ _ _ _ _ _ _ _ _

             _ _ _ _ _ _ _ _ _ _ _ _ _ _ _ _ _ _ _ _ _ _ _

             _ _ _ _ _ _ _ _ _ _ _ _ _ _ _ _ _ _ _ _ _ _ _
```

思想陷阱類型：**妄下判斷**

　　與情緒的關係：王太既要工作又要兼顧家庭，其實在家中的位置十分重要。但她聽到家人的埋怨後，便覺得家人已經不再喜歡她。但事實可能丈夫女兒只是隨便把話說出來，並沒有惡意，王太卻很快便下了判斷，認為家人不再喜歡她。她既看不到自己在家庭中的地位，當然覺得不開心。這種單憑自己的直覺而沒有考慮其他因素的想法，若判斷出了誤差，便會使自己或別人很不開心。

| 想法三 | 「我是否做得不好，兒女媳婦個個都討厭我，假日都不跟我喝早茶。」 |

```
思想陷阱類型：_____
與情緒的關係：_____

　　　　　　　_____

　　　　　　　_____
```

　　思想陷阱類型：**諉過於己**

　　與情緒的關係：王太沒有考慮兒媳因身體不適才爽約，聽到兒媳不能前來便覺得責任在自己身上，懷疑自己做得不好，使兒女媳婦都討厭她。她這種想法妨礙了她去尋求事實的真相，每每有事情發生，便會覺得是自己的責任、自己的錯。這種思想習慣，怎會令人活得開心哩！

| 想法四 | 「如果照顧孫女這樣一件小事我也幫不上忙，我在他們的心目中永遠再不是一位好母親，我的兒媳以後都不會再來探望我。」 |

思想陷阱類型：——————————————————————
與情緒的關係：——————————————————————
　　　　　　　——————————————————————
　　　　　　　——————————————————————

思想陷阱類型：**大難臨頭**

與情緒的關係：有時我們誇大一些事情的嚴重性，使自己感到極其不安和不高興。正如王太覺得照顧孫女這樣一件小事自己都幫不上忙，便推想出兒媳不再探望她，自己稱不上一位好母親。她卻沒有去細想：「你不幫忙照顧孫女並不表示兒媳就會不再探望自己，你也不會因此就成為一位壞母親。」

以上這些思想陷阱，使王太終日陷入抑鬱的情緒狀態中。

（五）情緒溫度計與身心思維自我分析表之二

情緒溫度計——過去一星期的平均情緒指數

你的情緒指數是：（請圈出你認為最恰當的分數，0 分最差，10 分最好。）

情緒溫度計	0	1	2	3	4	5	6	7	8	9	10

● 現在，你也可以嘗試運用「身心思維自我分析表」來剖析自己的思想狀態，了解你的思想反應藏着哪一類的思想陷阱？它有否影響

到你的情緒起伏？

　　請寫下兩件在過去幾星期裡影響你情緒指數低落的事情。

身心思維自我分析表

　　引發事件（一）〔情緒指數〕：＿＿＿＿＿＿＿＿＿＿＿
　　身體反應：＿＿＿＿＿＿＿＿＿＿＿＿＿＿＿＿＿＿
　　行為反應：＿＿＿＿＿＿＿＿＿＿＿＿＿＿＿＿＿＿
　　情緒反應：＿＿＿＿＿＿＿＿＿＿＿＿＿＿＿＿＿＿
　　當時的想法：＿＿＿＿＿＿＿＿＿＿＿＿＿＿＿＿
　　　　　　　　＿＿＿＿＿＿＿＿＿＿＿＿＿＿＿＿

　　● 你覺得當時的想法屬於哪一類思想陷阱（可能多於一類）：
　　　＿＿＿＿＿＿＿＿＿＿＿＿＿＿＿＿＿＿＿＿＿＿

　　● 你有多強烈同意或不同意自己確是跌進上述的陷阱中，請圈出
你的同意程度。

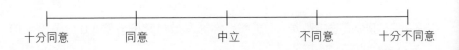

十分同意　　　同意　　　中立　　　不同意　　　十分不同意

　　● 這思想陷阱對你的情緒有多大影響，請圈出你的同意程度。

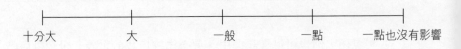

十分大　　　大　　　一般　　　一點　　　一點也沒有影響

引發事件（二）〔情緒指數〕：＿＿＿＿＿＿＿＿＿＿＿

身體反應：＿＿＿＿＿＿＿＿＿＿＿＿＿＿＿＿＿＿

行為反應：＿＿＿＿＿＿＿＿＿＿＿＿＿＿＿＿＿＿

情緒反應：＿＿＿＿＿＿＿＿＿＿＿＿＿＿＿＿＿＿

當時的想法：＿＿＿＿＿＿＿＿＿＿＿＿＿＿＿＿＿

＿＿＿＿＿＿＿＿＿＿＿＿＿＿＿＿＿＿＿＿＿＿＿

● 你覺得當時的想法屬於哪一類思想陷阱（可能多於一類）：

＿＿＿＿＿＿＿＿＿＿＿＿＿＿＿＿＿＿＿＿＿＿＿

● 你有多強烈同意或不同意自己確是跌進上述的陷阱中？

| 十分同意 | 同意 | 中立 | 不同意 | 十分不同意 |

● 這思想陷阱對你的情緒有多大影響？

| 十分大 | 大 | 一般 | 一點 | 一點也沒有影響 |

開心行動日

又到「開心行動日」這個環節，這個星期，你打算去尋找或尋回哪些使自己快樂的事情呀？快完成以下練習吧！

開心行動表

在未來一星期內，你打算完成哪一項開心行動呢？

活動：＿＿＿＿＿＿＿＿＿＿＿＿＿＿＿＿＿＿

日期：＿＿＿＿＿＿＿＿＿＿＿＿＿＿＿＿＿＿

時間：_____

預祝你的行動成功！

（六）總結

　　我們平日較少留意到自己在情緒起伏時所出現的身體變化、行為反應、及思想反應等。若個人的想法對情緒起伏有重要的影響，我們便先要了解自己慣常的想法，才可調適情緒的起伏。

　　當跌入思想陷阱的時候，很多時都會引致我們的身體、行為，及情緒上產生變化。因此，我們要隨時隨地留意自己的身體有沒有任何警號響起，是否我們已經跌入某些思想陷阱而不自覺？身體警號是對了解我們情緒狀況一個很重要的指標，這一點我們將在下一課作詳盡的分析。

> 思想陷阱，它隨時會在我們的身旁出現；
> 要緊的是，我們懂得如何去分辨及面對。

（七）你的習作

　　還記得阿仁的煩惱嗎？為加強你對思想陷阱及它與情緒關係的認識，請以「阿仁記事簿」（第 43-44 頁）為例，分析以下阿仁的想法是處於何種思想陷阱及這些陷阱與情緒的關係。（答案見第 86 頁附錄一）。

阿仁記事簿

（1）「為甚麼出來工作了好幾年，仍是做些職位低微的工作。」

> 思想陷阱類型：_____
>
> 與情緒的關係：_____
>
> _____
>
> _____

（2）「若果不是他的學歷高，老闆就不會欣賞他。」

> 思想陷阱類型：_____
>
> 與情緒的關係：_____
>
> _____
>
> _____

（3）「他有甚麼東西比我好，為甚麼你選擇他而不選擇我！」

> 思想陷阱類型：_____
>
> 與情緒的關係：_____
>
> _____
>
> _____

自省練習

　　請以上述的方式，寫下在過去的數星期中，你曾跌進的思想陷阱，並分析它們與你的情緒關係。

　　（1）你當時的想法：＿＿＿＿＿＿＿＿＿＿＿＿＿＿＿＿＿

　　　思想陷阱類型：＿＿＿＿＿＿＿＿＿＿＿＿＿＿＿＿＿＿
　　　與情緒的關係：＿＿＿＿＿＿＿＿＿＿＿＿＿＿＿＿＿＿
　　　　　　　　　　＿＿＿＿＿＿＿＿＿＿＿＿＿＿＿＿＿＿
　　　　　　　　　　＿＿＿＿＿＿＿＿＿＿＿＿＿＿＿＿＿＿

　　（2）你當時的想法：＿＿＿＿＿＿＿＿＿＿＿＿＿＿＿＿＿

　　　思想陷阱類型：＿＿＿＿＿＿＿＿＿＿＿＿＿＿＿＿＿＿
　　　與情緒的關係：＿＿＿＿＿＿＿＿＿＿＿＿＿＿＿＿＿＿
　　　　　　　　　　＿＿＿＿＿＿＿＿＿＿＿＿＿＿＿＿＿＿
　　　　　　　　　　＿＿＿＿＿＿＿＿＿＿＿＿＿＿＿＿＿＿

（八）你的得益

　　● 總括來説，在本章中我對自己的學習表現給予＿＿＿＿分。（0分最差，10分最高）

看看你對本章有多少理解？

請在適當的位置上加 √ 號，答案見第 87 頁附錄二。

	是	否
(1) 思想陷阱是影響我們情緒的主要因素。	☐	☐
(2) 家庭、社交生活、社會氣氛等都會影響到我們的思想反應。	☐	☐
(3) 思想反應不可以透過自己留意及反省，重新建立。	☐	☐
(4) 縱使不走出思想陷阱，也可以擺脫負面情緒的困擾。	☐	☐
(5) 思想陷阱並不會引起情緒問題。	☐	☐
(6) 若能避開思想陷阱，抑鬱情緒也可以得到改善。	☐	☐
(7) 當跌入思想陷阱時，身體不會有任何反應。	☐	☐
(8) 留意身體警號，可幫助我們了解自己的情緒狀況。	☐	☐

附錄一　「阿仁記事簿」答案

（1）「為甚麼出來工作了幾年，仍是做些職位低微的工作。」

> 思想陷阱類型：**非黑即白**
>
> 　與情緒的關係：阿仁認為職位的高低應該跟工作的經驗掛鈎，所以自己出來工作了這樣久，就不應仍然做一些職位低的工作。覺得自己付出與回報不成比例，心有不甘，自然感到很不開心。

（2）「若果不是他的學歷高，老闆就不會欣賞他。」

> 思想陷阱類型：**妄下判斷**
>
> 　與情緒的關係：阿仁心底裡覺得老闆只是欣賞有學歷的同事才採納他的建議書，並沒有考慮其他可能因素，便認定老闆有心偏袒。他如此妄下判斷，當然會覺得委屈而悶悶不樂。

（3）「他有甚麼東西比我好，為甚麼你選擇他而不選擇我！」

> 思想陷阱類型：**感情用事**
>
> 　與情緒的關係：阿仁因為情緒激動而沒有客觀地細想：「別人的計劃書可能真的比我好！」他單純以他的感覺去判斷，覺得新同事的計劃書不及他的，所以便認為老闆偏袒新同事。有了這種感覺，他當然會產生不愉快的負面情緒哩。

附錄二　「看看你對本章有多少理解？」答案

	是	否
(1) 思想陷阱是影響我們情緒的主要因素。	☑	☐
(2) 家庭、社交生活、社會氣氛等都會影響到我們的思想反應。	☑	☐
(3) 思想反應不可以透過自己留意及反省，重新建立。	☐	☑
(4) 縱使不走出思想陷阱，也可以擺脫負面情緒的困擾。	☐	☑
(5) 思想陷阱並不會引起情緒問題。	☐	☑
(6) 若能避開思想陷阱，抑鬱情緒也可以得到改善。	☑	☐
(7) 當跌入思想陷阱時，身體不會有任何反應。	☐	☑
(8) 留意身體警號，可幫助我們了解自己的情緒狀況。	☑	☐

6

自有妙法

──助你遠離思想陷阱的「五常法」

本章學習目的

完成本章之後，你的獲益是：
(1) 掌握怎樣運用「腦袋停一停」，避免自己跌入思想陷阱。
(2) 運用「五常法」，幫助自己建立新思維，及走出思想陷阱。

王太記事簿

本週生活（上）

王太難得今天不用超時工作，一心想着做一頓美味的晚餐與家人分享，共聚天倫。下班後，她便立即走到街市買了新鮮的餸菜，懷着興奮心情回家預備晚餐。

回到家中，王太想起致電問丈夫及女兒何時抵家吃晚飯，結果竟是……

王先生：「我今天不回來吃飯，太極師傅病了，我要留在中心做代課呀！」

王小姐：「我不回來吃飯呀，我今天沒有答應過會回家食飯哩！下次你先問我是否回家吃飯才買菜嘛！」

最後，王太致電居於鄰座的兒子及媳婦……「我們今天很累，想留在家中休息一下，留待下次罷！」

王太放下電話後，感到非常失望，而且越來越氣憤，心裡想：「我這麼辛苦趕去買菜，但是沒有一個人領情，

他們都不把我看作家中一份子，完全不懂得欣賞我！」。
心裡頭又想：「唉！都是自己不好，有抑鬱病，哪有人
會喜歡看到別人愁眉苦臉呢！」想到這裡，王太按捺不
住，開始哭泣，同時，她的心跳變得越來越急促、甚至
感到氣喘、面紅耳熱……

丈夫、兒女相繼不回家吃飯，是否這個事件導致王太如此氣憤呢？

你是否認同王太的想法，是否家人不領情及不欣賞她便不回家吃飯呢？

你留意得到她當時身體有甚麼變化嗎？

怎樣可以使王太走出她的思想陷阱，盡快平伏她的情緒呢？

開心行動日

在開始本章的練習前，又要問大家一個問題，在過去一星期有否完成你的開心活動呢？

開心活動內容：＿＿＿＿＿＿＿＿＿＿＿＿＿＿＿＿＿

如有，你的感覺如何：＿＿＿＿＿＿＿＿＿＿＿＿＿＿＿

如沒有，是甚麼原因：＿＿＿＿＿＿＿＿＿＿＿＿＿＿＿

（一）蛻變中的王太與阿仁

你還記得王太與阿仁嗎？他倆與你一樣，在過去數星期每週透過

本手冊的練習，嘗試了解自己的心情、認識自己的思想陷阱，同時，他倆開始想辦法幫助自己改善抑鬱症狀及走出思想陷阱。

　　你想知道王太、阿仁的自學進度及近況嗎？看看他倆的本週生活記事簿，你就會一清二楚了！

「考考你之齊來分析王太本週生活（上）」

關鍵事件（**引發事件**）：＿＿＿＿＿＿＿＿＿＿＿＿＿＿＿

王太的**心情**怎麼樣？　＿＿＿＿＿＿＿＿＿＿＿＿＿＿＿

王太有甚麼**行為反應**？＿＿＿＿＿＿＿＿＿＿＿＿＿＿＿

王太有甚麼**身體變化**呢？＿＿＿＿＿＿＿＿＿＿＿＿＿＿

王太**當時**有那兩個主要的**想法**，並跌進甚麼**思想陷阱**？

（1）當時想法（與家人沒有欣賞她有關）：＿＿＿＿＿＿＿＿

　　　　＿＿＿＿＿＿＿＿＿＿＿＿＿＿＿＿＿＿＿＿＿＿＿

　　　　＿＿＿＿＿＿＿＿＿＿＿＿＿＿＿＿＿＿＿＿＿＿＿

　　　　＿＿＿＿＿＿＿＿＿＿＿＿＿＿＿＿＿＿＿＿＿＿＿

　　　思想陷阱：＿＿＿＿＿＿＿＿＿＿＿＿＿＿＿＿＿＿＿

（2）當時想法（與她的患病有關）：＿＿＿＿＿＿＿＿＿＿＿

　　＿＿＿＿＿＿＿＿＿＿＿＿＿＿＿＿＿＿＿＿＿＿＿＿＿

　　＿＿＿＿＿＿＿＿＿＿＿＿＿＿＿＿＿＿＿＿＿＿＿＿＿

　　＿＿＿＿＿＿＿＿＿＿＿＿＿＿＿＿＿＿＿＿＿＿＿＿＿

　　　思想陷阱：＿＿＿＿＿＿＿＿＿＿＿＿＿＿＿＿＿＿＿

（參考答案見第 122 頁附錄一）

王太記事簿

本週生活（下）

　　王太察覺到自己的心跳越來越急促、氣喘亦漸趨嚴重，王太輕撫自己的臉頰時：「噢！很燙呀！」此時，王太深呼吸數次，並喝下半杯冰水；然後，她自言自語說：「王太太，先冷靜一下，不要又再諉過於己呀！」

　　同時，她亦跟自己說：「我的情緒恐怕又要失控了，不要讓它繼續下去呀。」王太靜靜地坐在椅子上歇息了數分鐘，心裡頭想：「趕着去買菜真的很辛苦，每個人都不回來吃飯也真的令我很失望、很氣憤！但是，他們確實有事情需要去處理，何況我又沒有預早通知他們，他們不能回家吃我做的晚飯只是平常事。這不代表他們當我是外人，不欣賞我和不喜歡我。還有，我有抑鬱病他們一直都很關心我，從來沒有嫌棄過我呀……」。

　　看着牆上掛着自己與王先生的陳年合照，王太很感觸地說：「這個丈夫真的不錯，工餘時間也會到社區中心幫忙，可以嫁給他也算是我的福氣！」王太不自覺地發出會心微笑：「還是先洗個澡，放鬆一下自己。」王太洗澡後，便把飯菜蓋好，放入雪櫃內，然後離開住所往附近的公園逛逛。

　　看見王太懂得平靜地、理智地幫自己處理個人的思想陷阱，真是可喜可賀，那麼，阿仁又怎麼樣呢？

阿仁記事簿

本週生活（上）

　　阿仁自上次被公司辭退後，很快收拾心情努力找工作；皇天不負有心人，他終於找到工作了！新工作與舊工作相同，都是在廣告創作公司擔任「創作助理」，阿仁很珍惜這個機會，因他認為這份工作應可發揮他的創作潛能。

　　今天，是阿仁第一天上班的大日子。

　　上司介紹阿仁與其他同事互相認識後，阿仁開始準備處理工作職務時，同事 Candy、Jason 及秘書小姐分別找阿仁：

　　Candy：「阿仁，幫我影印十份，然後寄往以下地址……」

　　Jason：「阿仁，我要寫計劃書，請你幫我上網搜集這些資料……」

　　上司秘書：「阿仁，總部的伍老闆快來到開會，芬姐和強叔今天放了病假，麻煩你沖兩杯咖啡拿入會議室，少糖多奶，要快！」

　　阿仁感到十分氣憤，一邊走進公司的茶水間，一邊喃喃自語：「有沒有弄錯？我的職銜是創作助理，為甚

麼變成辦公室助理，他們完全沒有尊重和器重我！秘書小姐更刻意要我沖咖啡令我難堪。」阿仁又想：「唉！誰叫我沒出息，沒有大學學位，這輩子也會被別人欺負，再不會有前途哩！」阿仁越想越氣憤，心跳加速、手心冒汗、咬牙切齒；此時，秘書小姐走了出來，阿仁用力地放下那兩杯咖啡……

「考考你之齊來分析阿仁本週生活（上）」

關鍵事件 (引發事件)：＿＿＿＿＿＿＿＿＿＿＿＿＿＿

阿仁的**心情**怎麼樣？　＿＿＿＿＿＿＿＿＿＿＿＿＿＿＿

阿仁有甚麼**行為反應**？＿＿＿＿＿＿＿＿＿＿＿＿＿＿＿

阿仁有甚麼**身體變化**呢？＿＿＿＿＿＿＿＿＿＿＿＿＿＿

阿仁**當時**有那兩個主要的**想法**、並跌進甚麼**思想陷阱**？

(1) 當時想法 (與同事對他的態度有關)：＿＿＿＿＿＿＿＿

＿＿＿＿＿＿＿＿＿＿＿＿＿＿＿＿＿＿＿＿＿＿＿＿＿＿＿

＿＿＿＿＿＿＿＿＿＿＿＿＿＿＿＿＿＿＿＿＿＿＿＿＿＿＿

＿＿＿＿＿＿＿＿＿＿＿＿＿＿＿＿＿＿＿＿＿＿＿＿＿＿＿

思想陷阱：＿＿＿＿＿＿＿＿＿＿＿＿＿＿＿＿＿＿＿＿＿＿

(2) 當時想法（與他的學歷有關）：　＿＿＿＿＿＿＿＿＿＿

＿＿＿＿＿＿＿＿＿＿＿＿＿＿＿＿＿＿＿＿＿＿＿＿＿＿＿

＿＿＿＿＿＿＿＿＿＿＿＿＿＿＿＿＿＿＿＿＿＿＿＿＿＿＿

思想陷阱：＿＿＿＿＿＿＿＿＿＿＿＿＿＿＿＿＿＿＿＿＿＿

（ 參考答案見第 123 頁附錄二 ）

阿仁記事簿

本週生活（下）

　　阿仁放下咖啡，開始察覺到自己的心跳得十分快，雙手不斷冒汗，而且牙關咬緊，阿仁用手輕拍自己的大腿數次、深呼吸數口，並於腦海中向自己大聲説：「阿仁，冷靜喲，不要發怒！先不要否定自己呀！」

　　阿仁心神稍定，回想：「上班初期當然甚麼也要做，剛才同事叫我所做的工作，便作為學習和熟習一下公司環境！要別人重用我，不可以着急，當我有表現時他們自然會信任我、重視我。」而且，「如果日後他們仍然把我當小工辦，也沒有甚麼大不了，頂多另找一份新工作！」再者，「其實很多人也沒有大學學位，工作亦一樣有前景、有希望，不要將事情看得太絕對！」

　　此時，阿仁看見秘書小姐目瞪口呆地望着他，他意會到剛才太用力將咖啡放下，阿仁連忙道歉，秘書小姐亦答謝他剛才的幫助。阿仁心裡頭想道：「還是不要想得太多，先幫同事上網找資料。」接着，阿仁到電腦間上網。

原來阿仁本週近況亦不錯，恭喜恭喜！
究竟，王太、阿仁做了些甚麼？你有沒有留意？

（二）助你走出陷阱的「五常法」

　　「人生不如意事十常八九」，你同意嗎？王太、阿仁，他倆本週也經歷了一些不如意事，正如我們在本書第四章所提及，「事件本身不是問題，你如何理解及處理事件才是問題的關鍵」。王太和阿仁可從思想陷阱逃出來、情緒由極度起伏變得平靜，究竟他倆做了些甚麼？

　　也許，你曾經聽過一套辦公室管理法稱為「五常法」，其實情緒管理也有「五常法」，你想知道是甚麼嗎？以下資料能助你從思想陷阱裡逃出來。

1. 常留意身體警告訊號

■ 留意及「按停」身體警告訊號

　　當我們情緒起伏不定時，身體會出現變化及反應，例如：心跳加速、呼吸不暢順、口乾、肌肉繃緊等；此時，必須把握時機「按停」這些警告訊號。**除了留意身體變化外，並可問自己的情緒是否已到了警戒線。**

【警告訊號例子】

　　王太：心跳急促、氣喘、面紅耳熱：情緒溫度已跌過警戒線：2 分

　　阿仁：心跳加速、手心冒汗、咬牙切齒：情緒溫度已跌過警戒線：1 分

　　「按停」警告訊號例子：

　　王太：深呼吸數次、喝下半杯冰水

　　阿仁：用手輕拍自己的大腿數次、深呼吸數口

2. 常喚停負面思想

▊ 腦袋停一停

當你的身體警告訊號響起時，表示你可能因為腦海中出現負面思想而處於情緒起伏的狀態，此時你必須提醒自己要立即停止所有負面想法！同時，你要問自己是否跌進哪一個陷阱裡。

【例子】

王太：「王太太，先冷靜一下！你又再諉過於己呀！」

阿仁：「阿仁，冷靜喲，不要發怒！先不要否定自己！」

3. 常自我反問

▊ 自我反問

以簡單的自我反問方式來糾正自己的負面思想、增加對事件的觀點與角度；例如：

【例子】

王太：「但是，他們確實有事情需要去處理，何況我又沒有預早通知他們，他們不能回家吃我做的晚飯只是平常事。這不代表他們當我是外人，不欣賞我和不喜歡我。」

「還有，我有抑鬱病他們一直都很關心我，從來沒有嫌棄過我呀……」

阿仁：「上班初期當然甚麼也要做，剛才同事叫我所做的工作，便作為學習和熟習一下公司環境！要別人重用我，不可以着急，當我有表現時他們自然會信任我、重視我。」

「如果日後他們仍然把我當小工辦，也沒有甚麼大不了，頂多另找一份新工作！」

「其實很多人也沒有大學學位，工作亦一樣有前景、有希望，不要將事情看得太絕對！」

4. 常分散注意力

▌分散注意力

當你停止所有的負面想法，並以另一角度反問自己後，為避免自己繼續專注在負面的思想或事情中而無法自拔，你可作一些正面行動將自己的注意力分散或轉移到另外一些不相關的事情上。

這些行動可以是一些很簡單及很微小的行為，但能夠帶給你開心或舒一口氣的感覺。

【例子】

王太：洗澡及離開住所往附近的公園逛逛。

阿仁：到電腦間上網協助同事 Jason 找資料。

5. 常備聰明咭

■ 製作聰明咭

日常生活中，你可找一些精緻的咭，寫下你從報章、雜誌或別人口中一些對自己有幫助的正面說話或正面訊息作為你的人生金句（即「聰明咭」）。當你感到受負面情緒困擾時，你可取出這些聰明咭為自己打氣。你甚至可自行創作一些令你有舒服及鼓舞感覺的語句激勵自己。

「五常法」要訣

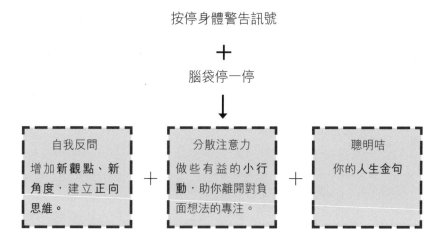

當情緒又再起伏時，懂得停一停、反問自己、分散注意力等等……你對實行這些步驟會否感到十分困難，甚至認為是天方夜譚？

事實上，思想模式是我們經過多年來建立的，要一朝一夕便改變過來，的確並不容易；但若果你願意循序漸進、多加練習的話……

要有正面改變，絕非天方夜譚！

（三）度身訂造你的「五常法」

透過以上解說；以及分析王太和阿仁的成功經驗，相信大家已明白甚麼是：(1) 按停警告訊號；(2) 腦袋停一停；(3) 自我反問；(4) 分散注意力；(5) 聰明咭。

事實上，每個人的情況都不一樣，要落實運用以上方法幫助自己走出思想陷阱、減低抑鬱的困擾，我們建議你抽些時間：

為自己訂造「走出陷阱五常法」。

常留意身體警告訊號

當我們情緒起伏時，身體會慣性地出現一些警告訊號，現在希望你為自己檢視一下自己身體出現哪些**警告訊號**。（請在適當的空格中填上 √ 號）

○心跳急促	○驚恐	○呼吸不暢順	○口乾	○面紅耳熱
○肌肉繃緊	○背痛	○頸梗膊痛	○頭痛	○頭暈
○手震	○手心冒汗	○手腳冰凍	○胃部不適	○食慾不振
○失眠	○口吃	○注意力不集中	○其他：	

我有哪幾項常出現的**警告訊號**？

我如何**按停**警告訊號？

（參考答案見第 124 頁附錄三）

常喚停負面思想

當以上**警告訊號**響鬧的時候，正代表着你的情緒又再起伏，而且，你亦有可能正走入思想陷阱。此時，除了按停這警告訊號外，更需要提醒自己**「腦袋停一停」**，幫助自己停止一切負面的想法。

那麼，你想到怎樣幫助自己：**「腦袋停一停」**嗎？

建議嘗試一些你認為較有效的方法

「腦袋停一停」的方法 / 提醒説話	這個方法有多少效用？（0 分完全無效，10 分十分有效）	你會否落實嘗試這方法？
1. 飲水	6 分	會
2. 在腦海中叫自己冷靜	5 分	會
3.		
4.		
5.		
6.		
7.		
8.		

以下是一些**「腦袋停一停」**的方法或提醒説話的例子：

- 「等一等，現時情況並不是如我想像中般壞！」
- 「停一停，先想清楚，千萬不要鑽牛角尖！」
- 「向自己心中大聲呼喊：不要再想下去了！」
- 「停下來！不要將事情看得這麼悲觀！」

常自我反問

到現在,相信你已經清楚明白思想對我們的影響;以不同的觀點與角度看事物、以正面說話及正面訊息取代負面想法,建立正向思維,均有助你走出思想陷阱,減低抑鬱症狀,並擁有良好的情緒健康。以下練習,有助你找到新的出路,從牛角的尖端鑽出來!

首先,我們要問自己:「我最慣常會跌進下列哪些陷阱裡呢?」然後在該思想陷阱裡的方格內加上 √ 號。繼而,以提供在思想陷阱兩旁的反問語句來幫助自己從不同觀點與角度去看問題。你不妨將旁邊的問題熟讀,待出現這些思想陷阱時,便可引用這些問題。當然,你更可為你自己創出獨有的問句。

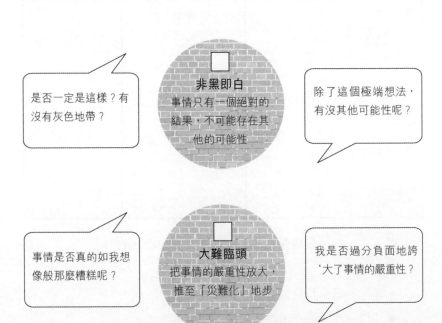

感情用事
以感覺作判斷或結論，
忽略事情的客觀事實

為何我要被情緒控制着自己呢？

是感覺、抑或是理性原因導致這種判斷 / 心情？

諉過於己
當有不理想的結果出現，就怪自己、認為是自己的責任

是否一定與我有關？其他人沒有責任？

是否沒有我就不能成事？

怨天尤人
當事情發生，總是埋怨別人或週邊環境，忽略自身責任

除了別人外，我有沒有責任呢？

我可以做些甚麼才可幫得上忙？

妄下判斷
還未有足夠的事實根據，已經作出判斷

有沒有證據證明我這個判斷正確呢？

這個是否事實的全部呢？

基於甚麼原因，我又推翻自己的想法呢？

左思右想
總是猶豫不決，為自己找很多藉口，最後甚麼也做不成

我是否想得太多，阻礙自己把事情付諸行動呢？

我憑甚麼理由否定自己？

否定自己
經常不自覺地貶低自己，令自己意志消沉

為甚麼我要如此悲觀，認為一定失敗呢？

有甚麼做得好，值得讚賞自己呢？

貶低成功經驗
就算做得多好，總是貶低成功的價值，認為這是理所當然的

成功做到這件事，證明了甚麼？

常分散注意力

　　除了增加對事件的新觀點與新角度，建立正向思維外，做些自己喜歡的小行動，亦有助你將焦點不再集中於負面的想法上，完全走出思想陷阱，這些有益的小行動，就是分散注意力了。

你會做些甚麼，幫助自己分散對負面想法的注意力呢？

行動小、得益大 　★　 行動小、得益大	以下是一些 ～分散注意力～ 的例子：
	★外出逛逛 ★購物 ★洗澡 ★看書 ★聽音樂 ★看電視 ★談電話

常備聰明咭

　　過往你曾經聽過甚麼**金石良言**令你印象深刻呢？有沒有一些**名人雋語**令你有受激勵的感覺呢？請搜集這些正面說話、正面訊息作為你的**人生金句**，並製成聰明咭，然後將這些咭張貼於你容易看到的地方，例如：家中的客廳、睡房或辦公室的桌子上，你亦可將聰明咭放在你的錢包或日記簿內。

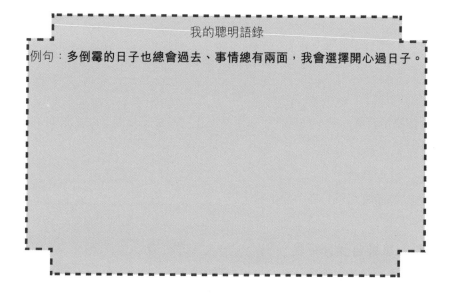

我的聰明語錄

例句：**多倒霉的日子也總會過去、事情總有兩面，我會選擇開心過日子。**

（四）情緒溫度計與身心思維自我分析表之三

情緒溫度計

你的情緒指數是：（請圈出你認為最恰當的分數，0 分最差，10 分最好。）

情緒溫度計	0	1	2	3	4	5	6	7	8	9	10

在上一章，你的情緒指數是 ＿＿＿＿＿＿分。

在本星期，你的情緒指數平均是 ＿＿＿＿＿＿分。

今次分數比上次 高 / 低（　　　）分，你認為是由於過去一星期……

曾發生一件事情（引發事件）：＿＿＿＿＿＿＿＿＿＿＿＿

你當時有正面 / 負面的想法：＿＿＿＿＿＿＿＿＿＿＿

＿＿＿＿＿＿＿＿＿＿＿＿＿＿＿＿＿＿＿＿＿＿＿＿＿＿

你當時有正面 / 負面的行為：＿＿＿＿＿＿＿＿＿＿＿

＿＿＿＿＿＿＿＿＿＿＿＿＿＿＿＿＿＿＿＿＿＿＿＿＿＿

如果是負面想法，你認為可以用甚麼正向思維把情緒改變過來呢？

正面思維：＿＿＿＿＿＿＿＿＿＿＿＿＿＿＿＿＿＿＿＿

情緒會出現怎樣的變化呢？＿＿＿＿＿＿＿＿＿＿＿＿＿

身心思維自我分析表

由本章起，除了「身心思維自我分析表」此部分外，每章均加入

「走出陷阱實踐練習」；前者之目的，是協助你掌握哪些主要想法引致你出現負面情緒，同時分辨這些想法屬於哪些思想陷阱的類型；後者則是協助你把「五常法」實踐到這些生活處境中，讓你走出思想陷阱！

請選取一件於過去一星期令你產生負面情緒的事情，並嘗試運用「五常法」走出陷阱：

引發事件：＿＿＿＿＿＿＿＿＿＿＿＿＿＿＿＿＿＿＿＿＿＿＿

＿＿＿＿＿＿＿＿＿＿＿＿＿＿＿＿＿＿＿＿＿＿＿＿＿＿＿＿＿

	各項反應的出現	如何運用五常法
身體變化 （警告訊號）	- -	1. 按停：按停身體警告訊號 -
當時想法	- 思想陷阱類別：（可能超過一種） - - - - - - - - - - - - - - - - - -	2. 腦袋停一停：暫停一切負面想法 -
情緒反應	- -	3. 自我反問：反駁自己的思想陷阱 - 建立正向思維：新觀點、新角度 - - - - - - - - -

		- - - - - - - - - - - - - - - - - - - -
行為反應	- - - - - - - - - - - - - - - - - - - -	4. 分散注意力：小行動 -
		5. 聰明咭：人生雋語 - - - - - - - - - - - - - - - - - - - - - - - - - - - - - -

開心行動日

又到「開心行動日」這個環節，這個星期你打算去尋找或尋回哪些使自己快樂的事情呀？快來完成以下練習吧！

開心行動表

在未來一星期內，你打算完成哪一項開心行動呢？

活動：_____

日期：_____

時間：_____

預祝你的行動成功！

(五) 總結

思想陷阱有如我們的生活習慣一般，建立了此特定模式或習慣

後，很不容易作出改變。然而，不改轉的代價正是它（思想陷阱）會成為我們人生的絆腳石，令我們生活中不斷出現挫敗、氣餒、擔憂、憤恨。事實上，要挪開這粒石子並不困難，關鍵在於你是否願意實踐走出陷阱「五常法」。

走出陷阱「五常法」正是協助你一步一步，循序漸進檢視及重建自己的思想模式，繼而建立客觀、具理性的思考角度和思想方法。

總有你鼓勵：每個人的人生都是需要別人及自己不斷為自己打氣，故此請不要輕視聰明咭的效果，這些金句可以成為你生活的座右銘，在你遭逢艱難困苦的時刻給予你安慰、給予你支持、給予你肯定，甚至給予你力量繼續向前行，引領你找到新方向。

(六) 你的習作

為了加強你對「走出陷阱五常法」的掌握，以助你在日後的生活中實踐出來；現在，是考考你的時候，請運用本章內容完成此習作。

王太和阿仁又出場了！今次他們又用了甚麼辦法走出思想陷阱呢？請你細閱他們的近況，然後完成下列的練習。

將榮升祖母的王太

怎樣才算一個稱職的妻子及母親呢？在王太心目中，稱職的母親必須肩負起家中大小事務，對家人的需要照顧週到。最近，王太終為照顧孫女抑或繼續工作作出抉

擇，王太認為女人應該將家庭放在第一位。因此，她決定提早退休，全職照顧孫女。

今天，兒媳回家吃飯，兒子告訴她不用再為未來孫女的事煩惱了，因他們會聘請一位外籍傭工照顧小孩。王太聽到這個消息後，心裡感到既憂心又難過，呼吸有點困難、口乾、手震，心裡想：「我是否以前對家人做得不足夠，所以兒子跟媳婦不放心將未來孫女交給我照顧？」王太不敢正視兒子，低頭繼續做飯，兒子見她沒有任何表示，亦不敢再追問下去。

王太越想越難過，呼吸亦越見困難，此時，她深深的吸了幾口氣，並喝下一杯冰水，同時，她在心中大聲說：「不要再想得太多！」王太平靜下來後，反問自己：「兒子請外籍傭工，真的是因為我以前照顧得他們不足夠，還是有其他原因呢？」王太再細心想：「他們兩夫婦一向愛惜我，或者他們擔心我太辛苦，不想我太操勞！而且，我好像一直都沒有表明我會幫忙照顧孫女，媳婦快將臨盆，也是時候要作準備啦！」

首先，請分析王太的處境：

引發事件：＿＿＿＿＿＿＿＿＿＿＿＿＿＿＿＿＿＿＿＿

＿＿＿＿＿＿＿＿＿＿＿＿＿＿＿＿＿＿＿＿＿＿＿＿＿＿

	王太的反應	如何運用五常法
身體變化 （警告訊號）	- -	1. 按停：按停身體警告訊號 -
當時想法	- 思想陷阱類別：（可能超過一種） -	2. 腦袋停一停：暫停一切負面想法 -
情緒反應	- -	3. 自我反問：反駁自己的思想陷阱 - 建立正向思維：新觀點、新角度 -
行為反應	- -	4. 分散注意力：小行動 -
		5. 聰明咕：人生雋語 -

（參考答案見第 125 頁附錄四）

阿仁的第一次！

　　今天，阿仁終於脫離「辦公室助理」行列，第一次參與公司的創作會議。阿仁心情十分興奮，並預早做了大量的資料搜集及花了很多時間為是次廣告設計新意念，以準備在會議上表達個人獨特的見解。

　　可惜，阿仁在發表意見時，經常被其他同事打斷，甚至批評其意見不切實際，考慮欠缺週詳等。阿仁聽着同事的批評，同時感到頸梗膊痛、呼吸急促、面紅耳熱，內心非常氣憤、難堪和尷尬。最後，阿仁的建議全被否決了！阿仁心裡禁不住想到：「因為我是新丁，你們看不起我，才不接納我的意見，真是豈有此理！」，阿仁怒視其他同事。

　　突然間，阿仁的腦子閃了一下，並提醒自己：「不要讓案件重演呀！」此時，他靜靜地在座位中深呼吸，並不斷在心中叫自己放鬆：放鬆手腳肌肉、頸膊和整個身體。

　　接着，阿仁反問自己：「究竟是同事有意為難我、看不起我，還是我的建議真的有問題？」 然後，阿仁再仔細想：「或者是我還未掌握到這個廣告的要求，所以不能提供一些更好的建議，不打緊，先聽一下其他同事的意見作為學習吧！」

　　阿仁把專注力放在會議，不再想其他的事情。

首先，請分析阿仁的處境：

引發事件：＿＿＿＿＿＿＿＿＿＿＿＿＿＿＿＿＿＿＿＿＿＿＿＿＿＿

＿＿＿＿＿＿＿＿＿＿＿＿＿＿＿＿＿＿＿＿＿＿＿＿＿＿＿＿＿＿＿＿

	阿仁的反應	如何運用五常法
身體變化 （警告訊號）	- - - - - - - - - - - - - - - - - - - - - - - - - - - - - -	1. 按停：按停身體警告訊號 - - - - - - - - - - - - - - - - - - - - - - - - - - - - - -
當時想法	- - - - - - - - - - - - - - - - - - - - - - - - - - - - - - 思想陷阱類別：（可能超過一種） - - - - - - - - - - - - - - - - - - - -	2. 腦袋停一停：暫停一切負面想法 - - - - - - - - - - - - - - - - - - - - - - - - - - - - - -
情緒反應	- - - - - - - - - - - - - - - - - - - - - - - - - - - - - -	3. 自我反問：反駁自己的思想陷阱 - - - - - - - - - - - - - - - - - - - - 建立正向思維：新觀點、新角度 - - - - - - - - - - - - - - - - - - - - - - - - - - - - - -
行為反應	- - - - - - - - - - - - - - - - - - - - - - - - - - - - - -	4. 分散注意力：小行動 - - - - - - - - - - - - - - - - - - - - - - - - - - - - - -

		5. 聰明咭：人生雋語

（參考答案見第 126 頁附錄五）

（七）你的得益

● 總括來說，在本章中你對自己的學習表現給予＿＿＿＿分。

（0 分最差，10 分最高）

● 在本章的練習中，你學會：

(1) **常**＿＿＿＿＿＿＿＿＿＿＿＿＿＿＿＿＿。

(2) **常**喚停＿＿＿＿＿＿＿＿＿＿＿＿＿＿＿。

(3) **常**＿＿＿＿＿＿＿＿＿＿＿＿＿＿＿＿＿。

(4) **常**＿＿＿＿＿＿＿＿＿＿＿＿＿＿＿＿＿。

(5) **常**備＿＿＿＿＿＿＿＿＿，為自己的人生打氣！

（八）補充資料

為何身心鬆弛是那麼重要？

　　鬆弛和緊張都是一種身心的感覺。當我們感到緊張時，我們的身體都可能會出現以下的症狀：呼吸急促、心跳加快、肌肉緊張及面紅耳赤等等。這些症狀的出現就好像一個警告訊號，說明我們的身體已進入了一個緊張的狀態。根據不少的臨床研究報告結果顯示，倘若我們的身體處於極度緊張的狀態時，我們很難冷靜及有系統地分析事物及尋求解決方法。因此，緊張的情況便會循環不息地惡化下去。另一

方面，一些長期處於緊張狀態的人，會較容易出現負面情緒，例如：
容易發脾氣、氣憤等等。另外，長期緊張的人亦會容易出現以下的種
種疾病：心臟病、胃潰瘍、緊張性頭痛、高血壓和心臟病等。反之，
當我們感到鬆弛的時候，會覺得身體肌肉鬆軟，身心舒暢，有如置身
於一個極為優美和寧靜的環境中。

其實，引致身心緊張的因素十分之多，但總括可以分為內在因
素及外在因素兩方面。外在因素包括：(1) 長期面對生活壓力，例
如繁重的工作及經濟困擾等；(2) 面對重大的生活轉變，如結婚、
親人逝世、失業等；(3) 人際相處上的問題，例如：夫妻之間的爭執、
同事間的不和等。而內在個人因素方面，一般是指在面對外在因素
的纏繞時，個人本身是怎樣理解及處理該問題而導致身心更為緊張。
在思維方面，倘若我們認為某些事情會為自己帶來傷害、損失或挑
戰，身體便會不自覺地產生緊張的反應。另一方面，如果我們認為
自己有能力應付所面對的問題時，我們便不會感到那麼緊張。反之，
若我們把事情視為難於解決的問題時，我們的身體便會緊張起來。
這個立論告訴我們，外在的環境因素不一定會直接引起緊張的身體
反應，而是我們怎樣評估外在因素的嚴重性及自我解決問題的能力
所導致的。

無論原因在哪裡，當我們的身心感到緊張時，我們必須有效地調
息這種緊張的狀態。從文獻中，我們可以把現在已知的鬆弛方法分為
以下兩大類型：(1) 即時舒緩身心緊張的鬆弛方法，例如深呼吸技巧
訓練；(2) 長期的身心鬆弛練習，如肌肉鬆弛法和意象鬆弛法等。前
者的主要功用是協助當事人在極度緊張的情況時，怎樣盡快地讓自己
可以平伏緊張的心情及冷靜地處理面對的問題。後者的作用是幫助當
事人在日常生活中建立一個較為輕鬆的身心狀態。如果我們經常進行

鬆弛練習，身心便會得到調適，不至於長期處於緊張的狀態。

以下，我們會向大家介紹幾種身心鬆弛的方法，包括：意象鬆弛法、肌肉鬆弛法及呼吸鬆弛法。

意象鬆弛法

意象鬆弛法乃是主要透過一些幻想將自己投入於一個正面的、舒服的情境內，令自己有輕鬆的感覺。在帶領自己作練習時，盡量以「低沉」的聲音慢慢地在「心裡」描述一些舒服的情境，你亦可以預先製作有輕音樂背景的錄音帶，然後自己跟着已錄製好的指引來作練習。但是，無論是「即時在心裡想或製作錄音帶」切勿把情境的內容複雜化，人物、事物、景像只求簡單，內容重複亦無妨。指導時，可以特別強調「感覺個人的平靜感」，並鼓勵自己平日多加練習，每次提醒自我指導時要注意上述的練習原則。

【例子】（即時作自我指導的做法）

（1）首先，請你尋找一個舒適及寧靜的位置，並可以選擇是否要把眼鏡、手錶或鞋襪脫去。

（2）跟自己說讓我安靜下來後，我現在開始誦讀一段故事給自己（當然是已預先準備的一段故事或參考以下的例子），引領自己進入一個輕鬆愉快的情景中。其內容是描述一個舒服及寧靜的環境，這時你必須在心中盡量以「低沉」的聲音慢慢地及輕輕地描述。

（3）現在開始了，你先在心裡說：「讓我輕輕的閉上眼睛，現在嘗試排除雜念，首先注意自己有節奏的呼吸，我正在吸氣及呼氣，集中注意自己的呼吸節奏，排除心中的雜念，集中注意自己的呼吸節奏，現在我進入一輕鬆的世界裡，我要用『心』去感覺那世界，現在我身處於一個了無人跡的沙灘上，我現在身處於一個了無人跡的沙灘

上，盡量去想想我現在身處於一個了無人跡的沙灘上（停頓三秒，盡力去想），和暖的太陽光線照射在我的臉上，去感覺那和暖的太陽光線照射在我臉上的那種舒服的感覺，去感覺那種舒服的感覺，去感覺那種舒服的感覺（停頓三秒，盡力去想）。天空上的沙鷗自由自在地展翅翱翔，我要用『心』去欣賞沙鷗自由自在地展翅翱翔，用『心』去欣賞沙鷗自由自在地展翅翱翔，我現在有一種舒服的感覺（停頓三秒，盡力去想），用我的『心』去欣賞沙鷗自由自在地展翅翱翔，沙鷗的翱翔動作很優美，沙鷗的翱翔動作很優美，用我的『心』去欣賞沙鷗優美的翱翔動作。和暖的太陽光線照射在我的臉上……（開始重複兩次）」

（4）「我要集中感覺自己的輕鬆感，我現在覺得放鬆了很多，感覺自己現在舒服的感覺，我可以張開眼睛了，現在我已經完成了意象鬆弛練習了。」

肌肉鬆弛法

肌肉鬆弛法乃使用收緊放鬆對比（tension-relaxation contrast）的效應，指導自己作練習時必須把焦點放在「肌肉放鬆」時那種輕鬆舒服的感覺上，從而達至某種放鬆的效果。但是，假若你曾經身體嚴重受傷，肌肉抽筋或有背傷問題等，做這練習前你必須先諮詢醫生的意見。這練習宜餐前做，以免影響消化。另外，亦不宜想馬上入睡前做，這會使你花較長的時間才能入睡。可能的話，盡量坐在椅子上做。

首先，請你尋找一個舒適及寧靜的位置，並可以選擇是否要把眼鏡、手錶或鞋襪脫去。練習的過程時你需要把某一組肌肉「用力收緊」，並維持三至五秒，然後即時把該組肌肉放鬆，彷彿進入無力狀態似的。同時，不斷在心裡提醒自己去「感受放鬆那一刻的舒服感覺」（這一點非常重要，切勿只顧着肌肉的收緊或放鬆）。現提供筆者所

設計的濃縮簡單版的例子：

【步驟如下】

（1）選一張有靠背的椅子坐下。

（2）腳板要完全着地，務求坐得舒服。

（3）然後合上眼睛，讓肌肉逐步鬆弛，告訴自己進入無力狀態似的（停頓三秒，盡力去想自己已進入無力狀態似的）。

（4）先由手部做起，把雙手下垂伸直，兩手同時握拳，用力握拳，大力一點，可用盡你自己的力量，同時感覺手臂的肌肉亦收緊，維持三秒，「一、二、三」，放鬆，保持放鬆狀態三秒。重複一次，兩手用力握拳，同時感覺手臂的肌肉亦收緊，維持三秒，「一、二、三」，放鬆，馬上去感覺肌肉放鬆時那種輕鬆舒服的感覺，好像有股暖流由手臂流向手指處似的，集中注意力用「心」去感覺這感覺。保持放鬆狀態三秒。

（5）現在把腳伸直，腳尖離地，把腳尖用力向內壓，維持三秒，「一、二、三」，放鬆，「一、二、三」，保持放鬆狀態三秒。重複一次，把腳尖用力向內壓，維持三秒，「一、二、三」，放鬆，感覺肌肉放鬆時那種輕鬆舒服的感覺上，保持放鬆狀態三秒。

（6）再把腳尖用力向內壓，同時用力收緊小腿肌肉及大腿肌肉，維持三秒，「一、二、三」，放鬆。然後放鬆三秒，「一、二、三」。重複一次，把腳尖用力向內壓，同時用力收緊小腿肌肉及大腿肌肉，維持三秒，「一、二、三」，放鬆。然後放鬆三秒，去「用心」感覺肌肉放鬆時那種輕鬆舒服的感覺上，在心裡告訴自己好像有股暖流由大腿流向小腿處似的，盡量「專心」感覺這感覺。

（7）兩手握拳，兩前臂向上提至與上臂約 45 度角，兩肩膊微向內彎，然後用盡力收緊小腹，同時感覺胸部肌肉亦收緊，維持三秒，「一、二、三」，放鬆。重複一次，用盡力收緊小腹，同時感覺胸部

肌肉亦收緊，維持三秒，「一、二、三」，放鬆，馬上感覺肌肉放鬆時那種輕鬆舒服的感覺上，維持三秒，「一、二、三」。

(8) 縮頸，同時用力合嘴及緊閉雙眼，使頸及面部肌肉都極度收緊，維持三秒，「一、二、三」，放鬆。重複一次，縮頸，同時用力合嘴及緊閉雙眼，使頸及面部肌肉都極度收緊，維持三秒，「一、二、三」，放鬆，馬上感覺「肌肉放鬆」時那種輕鬆舒服的感覺上，維持三秒，「一、二、三」。

(9) 如此再從手部做起，重複兩次，過程完全與上述做法一樣。

(10) 然後，集中注意自己的呼吸。

(11) 開始吸氣默數：「一、三、五、七、九、停」，然後呼氣。

(12) 呼氣時默數：「二、四、六、八、十、停」，然後吸氣，呼吸練習重複兩次。現在馬上感受一下鬆弛的經驗。平日多加練習，恆之有效。

呼吸鬆弛法

在這裡所介紹的呼吸鬆弛法特別適合作情緒控制之用。作法是當你意識到生理警報系統出現生理反應時，即代表負面情緒反應已出現；這時，可以運用有節奏的呼吸，透過有節奏的「自然呼吸法」，令自己達致鬆弛的效果，這亦是分散注意力的好方法。把自己帶進較冷靜的心境。另外，亦可以在緊張或處於壓迫性的環境時使用此法，原則是把所有的專注都放在有節奏的呼吸上，在心中以「1」代表吸氣，並維持二至三秒，然後，閉氣二秒，再以「2」代表呼氣，並維持二至三秒的方式來進行此練習，將有效達致某程度上的放鬆效果。

【例子】

(1) 你可以尋找一個安靜及舒適的位置，甚至在地鐵、巴士或其他地方亦可以做（最好平日多加練習，到了真的在緊張或處於壓迫性

的環境時使用此法，效果則更為明顯）。

（2）然後指導作呼吸鬆弛練習：

• 在心裡默唸「一」以代表吸氣，並維持二秒，然後默唸「二」以代表呼氣，並維持二秒。

• 開始在心裡喊：「一」，並維持二秒，然後閉氣二秒，再在心裡喊：「二」，並維持二秒。整個練習為時約一分鐘。

• 請反問自己：「我是否感覺到身體已進入鬆弛的狀態」這個練習的目的，是要令你經驗到鬆弛與未能放鬆的分別。

附錄一 「考考你之齊來分析王太本週生活（上）」的參考答案

引發事件：

• 王太難得不用超時工作，一心想着做一頓美味晚餐與家人共享天倫，可惜各人都拒絕她。

王太的**心情**怎麼樣？

• 王太感到失望、氣憤，情緒溫度計只得 2 分。

王太有甚麼**行為反應**？

• 哭泣

王太有甚麼**身體變化**？

• 心跳急促、氣喘、面紅耳熱

王太**當時**有甚麼想法？並跌進甚麼**思想陷阱**？

（1）想法：王太覺得丈夫、女兒及兒媳都不欣賞她對家人的關心及付出，而且更沒有重視她為家中的一份子：「我這麼辛苦趕去買菜，但是沒有一個人領情，他們都不把我看作家中一份子，完全不懂得欣賞我！」

思想陷阱：**妄下判斷**

（2）想法：王太怪責自己患有抑鬱病，經常表現得悶悶不樂，以致令人生厭！（唉！都是自己不好，有抑鬱病，哪有人會喜歡看到別人愁眉苦臉呢！）

思想陷阱：**諉過於己、否定自己**

附錄二　「考考你之齊來分析阿仁本週生活（上）」的參考答案

引發事件：

- 阿仁首天上班，同事們找他幫忙一些瑣碎的工作

阿仁的**心情**怎麼樣？

- 氣憤、難受

阿仁有甚麼**行為反應**？

- 用力地放下兩杯咖啡

阿仁有甚麼**身體變化**？

- 心跳加速、手心冒汗、咬牙切齒

阿仁當時有甚麼想法？並跌進甚麼思想陷阱？

（1）想法：阿仁覺得自己被大材小用，而且同事們都不尊重他，甚至刻意令他難受。（有沒有弄錯？我的職銜是創作助理，為甚麼變成辦公室助理，他們完全沒有尊重和器重我！秘書小姐更刻意要我沖咖啡令我難堪。）

思想陷阱：**妄下判斷**

（2）想法：阿仁怪責自己　乏大學學歷，因此不被人尊重，而且沒有前途。（唉！誰叫我沒出息，沒有大學學位，這輩子也會被別人欺負，再不會有前途呢！）

思想陷阱：**非黑即白、否定自己**

附錄三 「『按停』警告訊號」的參考答案

要「按停」警告訊號，你可嘗試運用下列的方法去平伏情緒：

呼吸鬆弛法——透過有節奏的自然呼吸法，令自己緊張的身體狀態得以鬆弛

意象鬆弛法——幻想自己處身於一個幽美、寧靜的大自然環境中（例如海灘或度假小島），讓自己的身體肌肉慢慢放鬆，達致身心舒暢的效果

飲冰水——喝一杯或兩杯冰水、讓自己的頭腦能即時清醒下來

閉目養神——找一個舒服的地方靜靜坐下，閉上眼睛，不要想任

何事情，讓自己有冷靜、停下來歇息的時刻

　　聽音樂——聆聽一些柔和的音樂，讓自己的情緒慢慢平伏下來。

　　你是否還有其他方法，請寫下屬於你自己的方法：

（1）＿＿＿＿＿＿＿＿＿＿＿＿＿＿＿＿＿＿

（2）＿＿＿＿＿＿＿＿＿＿＿＿＿＿＿＿＿＿

（3）＿＿＿＿＿＿＿＿＿＿＿＿＿＿＿＿＿＿

（4）＿＿＿＿＿＿＿＿＿＿＿＿＿＿＿＿＿＿

（5）＿＿＿＿＿＿＿＿＿＿＿＿＿＿＿＿＿＿

附錄四　「將榮升祖母的王太之分析王太的處境」的參考答案

王太處境的分析

引發事件：

王太兒子將聘請外籍傭工照顧即將出生的孩子

	王太的反應	如何運用五常法
身體變化 （警告訊號）	呼吸困難、口乾、手震	1. 按停：按停身體警告訊號 深深的吸了幾口氣，並喝下一杯冰水
當時想法	王太懷疑自己一直以來未能悉心照顧家人，不能擔任稱職的好母親，故兒子寧願聘請外籍傭工，也不放心將孫女予她看顧：「我是否以前對家人照顧得不足夠，所以兒子跟媳婦不放心將來孫女交給我照顧呢？」 思想陷阱類別：（可能超過一種） 諉過於己、妄下判斷	2. 腦袋停一停：暫停一切負面想法 「不要再想得太多！」

情緒反應	憂心、難過	3. 自我反問：反駁自己的思想陷阱「兒子請外籍傭工，真的是因為我以前照顧得他們不足夠，還是有其他原因呢？」正向思維：建立新觀點、新角度「他們兩夫婦一向愛惜我，或者他們擔心我太辛苦，不想我太操勞！而且，我好像一直都沒有表明我會幫忙照顧孫女，媳婦快將臨盆，也是時候作準備啦！」
行為反應	不敢正視兒子，低頭繼續做飯	4. 分散注意力：小行動繼續做飯。
		5. 聰明咕：人生雋語

附錄五 「阿仁的第一次之分析阿仁的處境」的參考答案

阿仁處境的分析

引發事件：阿仁悉心準備會議，可惜，意見不斷受到其他同事的質疑及批評，所有建議最後都被否決。

	阿仁的反應	如何運用五常法
身體變化 （警告訊號）	頸梗膊痛、呼吸急促、面紅耳熱	**1. 按停：按停身體警告訊號** 他靜靜地在座位中深呼吸，並不斷在心中叫自己放鬆：放鬆手腳肌肉、頸和整個身體。
當時想法	阿仁認為其他同事有意欺負他這個「新人」，而且否定他的工作能力：「因為我是新丁，你們看不起我，才不接納我的意見，真是豈有此理！」 思想陷阱類別：（可能超過一種） 妄下判斷	**2. 腦袋停一停：暫停一切負面想法** 「不要讓案件重演！」
情緒反應	忿怒、難堪、尷尬	**3. 自我反問：反駁自己的思想陷阱** 「究竟是同事有意為難我、看不起我，還是我的建議真的有問題？」 **正向思維：建立新觀點、新角度** 「或者是我還未掌握到這個廣告的要求，所以不能提供一些更好的建議，不打緊，先聽一下其他同事的意見作為學習吧！」
行為反應	怒視其他同事	**4. 分散注意力：小行動** 專心開會
		5. 聰明咭：人生雋語

作繭自綁

──思想規條下的危機

多點接納，多點寬容，讓生活更見姿彩。

本章學習目的

透過本章，你應該懂得以下兩點：

（1）甚麼是思想規條；

（2）了解思想規條對自己的影響。

王太記事簿

王太因為兒子決定聘請傭工照顧孫女一事，早已打消退休的念頭。

上星期，王太情緒上有了明顯的改進，但每個人的情緒往往會被生活的不同際遇所牽動，本星期王太又發生了一些事情：

王太的身體一直不大好，近日兒子又再提議她提早退休，故她正在反覆思量如何作決定。可是，她對提早退休一事深感為難。她想：「自幼女升上中學後便一直在這間公司當文員，不經不覺已十多年了，只不過還有數年便可正式退休，為何不有始有終，光光榮榮地退下來？」就着這件事，她跟丈夫訴説她的難處，期望對方（丈夫）能分擔她心中的矛盾。可惜，事與願違：

> 王先生：提早退休有何不好呢？每天下班，你整個人就變得很緊張，現在我們的兒女都長大了，是時候慢慢停下來，享受清福啦！
>
> 王太：做人要飲水思源，有始有終，斷不可能中途離開。這是作為員工應有的責任。同時，我才五十歲，又不是年紀老邁，不去工作難道要留在家中做個廢人嗎？
>
> 王先生：我真的不明白你呀，提早退休又怎會是「沒始沒終」呢？你提早退休對公司又有何影響？反過來，你還可以給新人一些晉升機會。
>
> 王太：跟你說話真的沒意思，作為丈夫，你為何一點也不明白我的想法？

在過去的幾章中，我們認識到王太不時跌進一些思想陷阱，以致她的情緒受到影響。上文有關王太的故事，表明王太正受着一定程度的情緒困擾。但這些因素卻不是思想陷阱，而是思想規條！

究竟甚麼是思想規條？

它怎樣影響一個人的情緒呢？

開心行動日

沒有忘記你的「開心行動表」吧！在過去一星期，你有沒有完成一件令自己開心的事情呢？

活動內容：＿＿＿＿＿＿＿＿＿＿＿＿＿＿＿＿＿＿＿＿＿

如有，你的感覺如何：＿＿＿＿＿＿＿＿＿＿＿＿＿＿＿＿

如沒有，是甚麼原因：＿＿＿＿＿＿＿＿＿＿＿＿＿＿＿＿

（一）個人的思想規條

每個人都有自己的一套對人和事的想法，那就是個人對自己、別人的期望及見解，亦即用來量度自己及別人的「標準尺」。這些期望及標準尺都是由我們各種生活經驗累積而來。以下是兩項思想規條的例子：

〔例一〕我是一個盡責的員工，上班一定不能遲到。

〔例二〕供書教學是父母的責任，就算家中的經濟如何惡劣，都要供子女讀大學。

為甚麼説這些是思想規條呢？

從例一中，你可能認為要做一個盡責的人就不可以遲到，而遲到就一定反映出你是個不盡責的人。故此，你在任何情況下都不能遲到。這裡告訴我們，如果我們的規條越缺乏彈性，我們對別人及自己的要求便會很嚴苛。結果當然是自己及別人都因此而不高興。

例二説明如果要做個盡責的父母，便必須供養子女讀大學，否則，我們便不是好父母。我們若執着於這個想法，當家中經濟環境真的不能容許時，我們便將承受嚴重的挫敗感。

總括而言，我們越是執着於某些規條，我們的生活便越加不開心。

要認識個人規條，就讓我們先從王太身上開始。

從上文中，我們看到王太受着一些思想規條的影響，並深信這些規條是不可違背的。那是甚麼規條呢？

(1)（與工作有關）＿＿＿＿＿＿＿＿＿＿＿＿＿＿＿＿＿＿＿

(2)（與退休生活有關）＿＿＿＿＿＿＿＿＿＿＿＿＿＿＿＿＿

(3)（與丈夫有關）＿＿＿＿＿＿＿＿＿＿＿＿＿＿＿＿＿＿＿

我們來對對答案吧！

> (1) 作為員工，要有始有終，不能中途退下。
> (2) 我才五十歲，難道要留在家中作廢人嗎？
> (3) 作為丈夫，要明白太太的想法。

無論你答對多少，讓我們一起分析這些規條的共通特性：

(1) 存在着一些信念，好像：「做人必須要……」、「做事必定要……」等。

(2) 這些信念背後存在着做人的**原則**和對自己及別人的**期望**。

(3) 倘若我們過分執着這些信念，缺乏彈性，便給自己及別人帶來不愉快的情緒。

(4) 這些信念是從生活經驗中累積而成，故很多時候我們**不自覺**地以這些信念來指引我們的生活，並以它們作行為的標準。

信念和期望

如果我們小心分析，便不難察覺王太的三個思想規條也存有這

些特性：

> **應該在自己的工作崗位上幹至退休年齡，光榮地退下來。**

她的信念是：如果不能好好地工作至退休年齡，那麼就不光彩，不是個好員工。

她的期望是：希望自己可堅持工作至退休年齡。

> **未到退休年齡便辭去工作，即是提早變成廢人。**

她的信念是：未到退休年齡的人士都要上班工作，否則便是個廢人。

她的期望是：我不應退休，因為不願成為廢人。

> **做丈夫的，自然要明白妻子的想法。**

她的信念是：就算沒有説出來，兩夫婦也會明白對方。

她的期望是：我縱使不説話，丈夫也應該明白我，懂得安慰我。

讓我們再以阿仁的情況做例子，探討一下阿仁的思想規條吧！

阿仁近況

阿仁在默默的耕耘下，公司終於開始委派多些有發揮機會的工作給他。近日，他常在公司工作至深夜。一次，他凌晨在辦公室趕着一份明天要向老闆提交的設計

初稿，可是公司的大廈忽然停電，他向管理處查詢後，知道要數小時後才能復修，他心裡很着急，忽然想起好友小文家裡也有這套電腦軟件，便即時致電給他，要求馬上到他家中完成最後的部分，但是小文的反應卻出乎阿仁的想像：

小文：喂，大哥，現在幾點呀？就快一點鐘，我現在累得快要死啦。

阿仁：這個工作非常重要，現在兄弟有麻煩，你不是不願意幫這個忙吧？

小文：是兄弟就讓我休息一下啦，阿 May（小文的女朋友）昨晚不開心，我跟她已經談了整夜電話，今天上班不停的打瞌睡，你也不希望我明天給老闆罵嘛！

阿仁：阿 May 不開心你就跟她談了一整夜，現在兄弟有麻煩你就不理會，難道女朋友比兄弟重要？

小文：好哇，我真的好累，讓我休息一下好不好？

阿仁：小文，難為我以前當你是兄弟，你有甚麼困難我一定幫忙，我對你這麼好，你現在這樣對我，你⋯⋯喂⋯⋯

小文因為太累，所以已經掛上電話。

考考你

你認為阿仁身上出現哪些思想規條：

(1)（與朋友相處有關）_____

(2)（與友情和感情有關）_____

(3)（與付出與回報有關）_____

讓我們再深入分析阿仁每項規條背後有甚麼信念及期望。

請先弄清楚下列句子是信念或期望，然後圈出答案。

兄弟有難必須幫忙

(1) 作為朋友，無論遇到任何困難，也應該給　　　信念 / 期望
予援手，不應該袖手旁觀，否則便不算是朋友。

(2) 自己有困難，朋友無論如何也會給予幫忙。　　信念 / 期望

朋友比女友更為重要

(1) 夫妻如衣服，友情較男女間的感情更重要。　　信念 / 期望

(2) 如果女朋友有事你也會幫忙，好朋友有事　　　信念 / 期望
你更加沒有理由不去幫忙。

我對你好，你也要對我好

(1) 朋友應該有情有義，不應忘恩負義，並要　　　信念 / 期望

感恩圖報。

（2）如果我幫過你，你也會給我幫忙。 信念 / 期望

（答案見第 158 頁附錄一）

（二）思想規條與思想陷阱的區分及關係

在探索你的思想規條前，讓我們對規條先多加一點認識。了解規條與思想陷阱有甚麼不同。

試從下面的特質中，選取哪些是與思想陷阱或思想規條有關。

即時思維反應

根深蒂固

不加思索

既有的標準 / 信念

原則性

事件性

思想規條

1. _____

2. _____

3. _____

思想陷阱

1. _____

2. _____

3. _____

你答對了多少呢？請跟下表核對一下：

思想規條	思想陷阱
既有的標準／信念	即時思維反應
根深蒂固	不加思索
原則性	事件性

　　為何我們要區分這兩類思想狀況呢？從本書第二章中，我們知道最少有兩大類思想狀況是會影響個人的情緒：**思想陷阱**及**思想規條**。前者講及我們面對事件時，我們往往會不自覺地對事情作出即時的判斷及評價，因而跌進了一些思想陷阱。只要我們及早察覺自己將會跌進或已跌進了某些陷阱時，我們可運用「五常法」使自己跳出陷阱，從而達至情緒的平衡。了解及跳出陷阱有助我們在瞬息間控制自己的負面抑鬱情緒。

　　除了思想陷阱外，思想規條影響我們以怎樣的信念及標準來衡量人和事物。這些規條較具原則性，並根深蒂固地藏在我們的思維中。一般而言，這些信念是從小在生活經驗中累積而成，並引導我們對人和事作出不同程度的期望。嚴格來說，思想規條沒有對或錯，只是當人把規條視為不可違背的信念時，這些規條便影響我們及我們與別人之間的關係。要改善我們思維狀況，我們便要花一些時間去檢視及改變自己的一些思想規條。

多做練習，多點認識

　　試把下面的想法分類為「思想規條」或「思想陷阱」。

想　法	分類選擇
(1)　要有好的前途，必須讀書有成。	思想規條 / 思想陷阱
(2)　大學又考不上，以後哪會有前途！	思想規條 / 思想陷阱
(3)　快樂的人生是事事順利，沒有障礙。	思想規條 / 思想陷阱
(4)　一輩子也倒霉，挫折重重，怎會快樂？	思想規條 / 思想陷阱
(5)　只有志同道合、志趣相投的人才會成為朋友。	思想規條 / 思想陷阱
(6)　他這樣沒有禮貌，他的朋友多數也是沒有禮貌。	思想規條 / 思想陷阱
(7)　父母的判斷必然比子女的正確。	思想規條 / 思想陷阱
(8)　為人父母當然希望子女好，為甚麼我的子女總是不依從自己的意思？	思想規條 / 思想陷阱
(9)　付出必須有回報。	思想規條 / 思想陷阱
(10)　我付出了那麼多，為何他（男朋友）沒有丁點兒的回報？	思想規條 / 思想陷阱
(11)　氣死人，明明錯了，為甚麼沒有人會指出來？	思想規條 / 思想陷阱
(12)　世上絕對有「對」與「錯」，對的應得到認同，錯誤的應必須否決 / 加以糾正。	思想規條 / 思想陷阱
(13)　你有事也不告訴我，我在你心目中算是甚麼？	思想規條 / 思想陷阱
(14)　對重視自己的人要完完全全坦誠。	思想規條 / 思想陷阱
(15)　為甚麼老天爺這樣不公平，有些人含着金鎖匙出生，有健康有美貌，甚麼也唾手可得！	思想規條 / 思想陷阱
(16)　世界要公平。	思想規條 / 思想陷阱

（答案見第 159 頁附錄二）

小結

現在，你或許對思想規條與思想陷阱的分別已經有了初步的認識。但總的來説，思想陷阱是我們對事物、身邊的人及發生的事情、環境等一個即時浮現出來的負面想法。但若果我們細心思考及分析這些即時及自然浮現的想法時，我們不難發現這些想法不少包含着信念、原則與期望。

（三）規條稱一稱

個人規條可以用來規範自己的處事行為，作為個人價值取向的準則。但不幸地我們不時會錯訂了一些不合理的規條，或就算訂下了一些合理的規條，但過分地執着遵從，不懂得彈性處理，當這些個人規條與我們的期望相違背時，我們就會很失望，甚至會出現一些很嚴重的後果及危機。

試舉個例子：

> **我是一個盡責的員工，上班一定不能遲到。**

• 上班準時原是一個合理的想法，十分正常，作為員工當然需要準時上班。但假若這個想法成為一個硬性的規條，覺得非準時不可，因而每天都比別人早一倍的時間出門，導致睡眠不足，工作表現欠佳。某次由於交通擠塞遲到，你更會為此耿耿於懷，埋怨自己為甚麼不再早點出門，整天都沒有心情工作。

• 上班準時原是一個合理的工作準則，由於我們將它作為硬性規條，引致上述問題，你覺得還應該保留／執着於這項規條嗎？

　　所以，我們需了解思想規條對自己所產生的影響，從而決定我們是否應該保留 / 放寬這些規條，幫助我們消除它所帶來的負面影響哩。

　　希望你可以為自己的思想規條逐一衡量，由你自己來評定哪些規條需要摒除 / 放寬些。

　　試就下面的例子，憑自己的判斷力將規條稱一稱，衡量它們是否值得保留 / 放寬些：

> **做父母必須督導子女讀書。孩子成績欠理想，定是自己未盡責任。**

　　在甚麼情況下，這個規條才不值得保留或需要放寬呢？

_____

_____

_____

請仔細想想

　　當我們認定做父母的責任等同於保證孩子的成績要理想時，我們便要考慮是否值得保留。

　　因為孩子成績的好與壞，不僅是取決於父母是否盡責，還有很多別的因素影響他的成績。相反，父母在很多方面可以表現自己盡責的態度，督促孩子讀書只不過是其中的一項。

> **作為子女必須勤力讀書，這表示自己孝順父母。**

在甚麼情況下，這個規條才不值得保留或需要放寬呢？

_____

_____

_____

請仔細想想

　　子女讀書不大用功，但很願意幫忙做家務，那不是也很孝順嗎？況且，勤力讀書與孝順父母，本身就是兩件事情。但如果我們硬要把努力讀書與孝順父母連在一起，在成績欠理想時，我們便會很沮喪及失望。

養活妻兒是做丈夫的責任，若不能肩負起家庭的經濟擔子，便等同廢物。

在甚麼情況下，這個規條才不值得保留或需要放寬呢？

_____

_____

_____

請仔細想想

　　今天，家庭觀念已有了不少改變，家庭經濟再不是個人責任。況且，家庭共同擁有，經濟問題也應該共同承擔。

只可惜，傳統的「男主外，女主內」的觀念仍然根深蒂固地影響着某些人。如果我們不放寬或摒棄一些傳統觀念，它們便會持續影響我們的情緒。

如果要人幫忙，我便是一個沒出息的人。

在甚麼情況下，這個規條才不值得保留或需要放寬呢？

_____

_____

_____

請仔細想想

有很多事情都非個人能力所及，若堅守這個規條，某些事情真的需要別人幫忙時，便會產生挫折感，失去自信，你覺得這是應該的嗎？

子女讀書成績不理想，表示父母教導無方。

在甚麼情況下，這個規條才不值得保留或需要放寬呢？

_____

_____

_____

請仔細想想

　　並非每一個人都是讀書的料子，若你的子女努力讀書，成績仍是差強人意，你會責備自己，亦可能會責備子女，弄得父母子女的關係緊張，對整個家庭都造成壞影響，對你、對子女都沒有好處。

如果我不把事情做好，我就會失信於人。

在甚麼情況下，這個規條才不值得保留或需要放寬呢？

_____

_____

_____

請仔細想想

　　個人的能力有限，假若某件事你盡了全力也做不來，你便會很氣餒，覺得有愧於人，會責備自己，這種對自己不合理的要求，當然不值得鼓勵。

小結

　　所以你需要了解思想規條對自己的影響，更需要對自己的思想規條作出反思。「規條稱一稱」是希望透過你對自己某些規條的反思，了解這些規條是否對你造成不必要及不良的影響。

（四）思想規條知多少

我們看過王太、阿仁某些思想規條，你自己可有甚麼思想規條呢？

你的思想規條有幾多？

現在，不妨先想想自己可有甚麼思想規條，有的話就在空格內寫下，好讓自己反省；沒有的話，就在上面畫一個笑臉，稱讚自己一句。

1. 個人生活上的規條（待人處世的態度、個人成就及價值、行為習慣等）。

例如：**如果將自己的煩惱告訴別人，別人就會有煩惱了。**

- 有哪項規條對自己帶來最大的影響：＿＿＿＿＿＿＿＿＿
- 影響的程度是（100% 為最強烈）：＿＿＿＿＿＿＿＿＿
- 值得保留嗎？：**值得 / 不值得**
- 原因：＿＿＿＿＿＿＿＿＿＿＿＿＿＿＿＿＿＿＿
＿＿＿＿＿＿＿＿＿＿＿＿＿＿＿＿＿＿＿＿＿＿＿
＿＿＿＿＿＿＿＿＿＿＿＿＿＿＿＿＿＿＿＿＿＿＿

2. 對工作的規條（對同事的期望、自己作為員工的態度及價值、工作表現等）。

例如：**如果我不能將自己的工作做到最好，我便是一個沒出息的人。**

```
- - - - - - - - - - - - - - - - - - - - - - - - - - - -
- - - - - - - - - - - - - - - - - - - - - - - - - - - -
- - - - - - - - - - - - - - - - - - - - - - - - - - - -
```

- 有哪項規條對自己帶來最大的影響：＿＿＿＿＿＿＿＿
- 影響的程度是（100% 為最強烈）：＿＿＿＿＿＿＿＿＿
- 值得保留嗎？：**值得 / 不值得**
- 原因：＿＿＿＿＿＿＿＿＿＿＿＿＿＿＿＿＿＿＿＿
  ＿＿＿＿＿＿＿＿＿＿＿＿＿＿＿＿＿＿＿＿＿＿＿＿
  ＿＿＿＿＿＿＿＿＿＿＿＿＿＿＿＿＿＿＿＿＿＿＿＿

3. 對朋友 / 其他人的規條（對朋友的期望、作為朋友的態度及價值、朋友相處之道等）。

例如：**作為朋友，他 / 她應該明白我。**

```
- - - - - - - - - - - - - - - - - - - - - - - - - - - -
- - - - - - - - - - - - - - - - - - - - - - - - - - - -
- - - - - - - - - - - - - - - - - - - - - - - - - - - -
```

- 有哪項規條對自己帶來最大的影響：＿＿＿＿＿＿＿＿
- 影響的程度是（100% 為最強烈）：＿＿＿＿＿＿＿＿＿
- 值得保留嗎？：**值得 / 不值得**
- 原因：＿＿＿＿＿＿＿＿＿＿＿＿＿＿＿＿＿＿＿＿
  ＿＿＿＿＿＿＿＿＿＿＿＿＿＿＿＿＿＿＿＿＿＿＿＿
  ＿＿＿＿＿＿＿＿＿＿＿＿＿＿＿＿＿＿＿＿＿＿＿＿

4. 對家庭的規條（家的期望、作為家人的態度及價值、家人相處

的表現等）。

例如：**要維持一個完整的家庭，父母不可以離婚。**

```
┌─────────────────────────────────────────────┐
│                                             │
│  - - - - - - - - - - - - - - - - - - - - - │
│                                             │
│  - - - - - - - - - - - - - - - - - - - - - │
│                                             │
│  - - - - - - - - - - - - - - - - - - - - - │
│                                             │
└─────────────────────────────────────────────┘
```

- 有哪項規條對自己帶來最大的影響：＿＿＿＿＿＿＿＿＿
- 影響的程度是（100% 為最強烈）：＿＿＿＿＿＿＿＿＿
- 值得保留嗎？：值得 / 不值得
- 原因：＿＿＿＿＿＿＿＿＿＿＿＿＿＿＿＿＿＿＿
  ＿＿＿＿＿＿＿＿＿＿＿＿＿＿＿＿＿＿＿＿＿＿
  ＿＿＿＿＿＿＿＿＿＿＿＿＿＿＿＿＿＿＿＿＿＿

5. 對子女的規條（對子女的期望、作為子女的態度及價值、子女的表現等）。

例如：**作為子女必須勤力讀書，這表示你們孝順父母。**

```
┌─────────────────────────────────────────────┐
│                                             │
│  - - - - - - - - - - - - - - - - - - - - - │
│                                             │
│  - - - - - - - - - - - - - - - - - - - - - │
│                                             │
│  - - - - - - - - - - - - - - - - - - - - - │
│                                             │
└─────────────────────────────────────────────┘
```

- 有哪項規條對自己帶來最大的影響：＿＿＿＿＿＿＿＿＿
- 影響的程度是（100% 為最強烈）：＿＿＿＿＿＿＿＿＿
- 值得保留嗎？：值得 / 不值得
- 原因：＿＿＿＿＿＿＿＿＿＿＿＿＿＿＿＿＿＿＿
  ＿＿＿＿＿＿＿＿＿＿＿＿＿＿＿＿＿＿＿＿＿＿
  ＿＿＿＿＿＿＿＿＿＿＿＿＿＿＿＿＿＿＿＿＿＿

6. 對父母的規條（對父母的期望、作為父母的態度及價值、父母的表現等）。

例如：**做父母的必須督導子女讀書。孩子成績欠理想，定是自己未盡責任。**

```
_____

_____

_____
```

- 有哪項規條對自己帶來最大的影響：_____
- 影響的程度是（100% 為最強烈）：_____
- 值得保留嗎？：**值得 / 不值得**
- 原因：_____
  _____
  _____

7. 對丈夫 / 妻子的規條（對丈夫 / 妻子的期望、作為丈夫 / 妻子的態度及價值、丈夫 / 妻子的表現等）。

例如：**養活妻兒是做丈夫的責任，若不能負起家庭的經濟擔子，便等同廢物。**

```
_____

_____

_____
```

- 有哪項規條對自己帶來最大的影響：＿＿＿＿＿＿＿＿＿＿
- 影響的程度是（100% 為最強烈）：＿＿＿＿＿＿＿＿＿＿
- 值得保留嗎？：**值得 / 不值得**
- 原因：＿＿＿＿＿＿＿＿＿＿＿＿＿＿＿＿＿＿＿＿＿＿＿＿
  ＿＿＿＿＿＿＿＿＿＿＿＿＿＿＿＿＿＿＿＿＿＿＿＿＿＿
  ＿＿＿＿＿＿＿＿＿＿＿＿＿＿＿＿＿＿＿＿＿＿＿＿＿＿

小結

　　每個人都會擁有某些個人的思想規條：對人、對己、對家庭、對工作等。所以你需要了解思想規條對自己的影響，更需要對自己的思想規條作出反思。

（五）情緒溫度計與身心思維自我分析表之四

情緒溫度計

　　你的情緒指數是：（請圈出你認為最恰當的分數，0 分最差，10 分最好。）

情緒溫度計	0	1	2	3	4	5	6	7	8	9	10

　　在上一章，你的情緒指數是 ＿＿＿＿＿ 分。

　　本星期，你的情緒指數平均是 ＿＿＿＿＿ 分。

　　你做了些甚麼使自己的分數較上星期高了些？＿＿＿＿＿＿＿＿

＿＿＿＿＿＿＿＿＿＿＿＿＿＿＿＿＿＿＿＿＿＿＿＿＿＿＿＿＿＿

　　你在未來一星期可做些甚麼來提升自己的分數？＿＿＿＿＿＿

＿＿＿＿＿＿＿＿＿＿＿＿＿＿＿＿＿＿＿＿＿＿＿＿＿＿＿＿＿＿

＿＿＿＿＿＿＿＿＿＿＿＿＿＿＿＿＿＿＿＿＿＿＿＿＿＿＿＿＿＿

身心思維自我分析表

請選取一件過去一星期令你產生負面情緒的事情：

引發事件： _____

_____

	各項反應的出現	如何運用五常法
身體變化 （警告訊號）	- - - - - - - - - - - - - - - - - - - - - - - - - - - - - -	1. 按停：按停身體警告訊號 - - - - - - - - - - - - - - - - - - - - - - - - - - - - - - - - -
當時想法	- - - - - - - - - - - - - - - - - - - - - - - - - - - - - -	2. 腦袋停一停：暫停一切負面想法 - - - - - - - - - - - - - - - - - - - - - - 思想陷阱類別：（可能超過一種） - - - - - - - - - - - - - - - - - - - - - - - - - - - - - - - - - 想法背後可能隱藏着甚麼規條 - - - - - - - - - - - - - - - - - - - - - - - - - - - - - - - - - 這個想法是否值得保留？ □ 值得　/　□ 不值得 原因： - - - - - - - - - - - - - - - - - - - - - - - - - - - - - -

（續）

情緒反應		3.自我反問：反駁自己的思想陷阱

		建立正向思維：新觀點、新角度

行為反應		4.分散注意力：小行動

		5.聰明咭：人生雋語

開心行動日

又到「開心行動日」這個環節，這個星期你打算去尋找或尋回哪些使自己快樂的事情呀？快來完成以下練習吧！

開心行動表

在未來一星期內，你打算完成哪一項開心行動呢？

活動： _____

日期： _____

時間：＿＿＿＿＿＿＿＿＿＿＿＿＿＿＿＿＿＿＿＿＿＿＿

努力、加油，預祝你的行動成功！

（六）總結

每個人都有自己的一套思想規條，這些規條有些未必一定對我們的情緒帶來甚麼影響，但有些卻肯定會造成傷害，例如：子女一定要聽從父母的意見。假若某次子女不跟隨父母的意見做事，做父母的就會大發雷霆，引致情緒低落。甚至令父母子女間的關係破裂。這樣的個人規條，我們認為有必要重新檢討及釐定。

若我們理解自己的規條對情緒起伏有不良的影響，我們就須對這類規條重新反思，將那些規條放寬或摒棄。

我們要學懂掌握自己的情緒，
而不要被情緒掌管自己。

（七）你的習作

要確定個人的思想規條需要多加練習，為了協助你確認自己的規條。現在，先從王太及阿仁身上多做練習。我們馬上回頭看看王太與阿仁的思想規條是甚麼。

思想規條～信念與期望

我們要進入「時光倒流一星期」，透過王太與阿仁的一些即時想

法（思想陷阱），來推敲他 / 她們背後的思想規條（請參考本書第六
章「自有妙法」：「王太與阿仁記事簿之本週生活（上）」：

1. 王太：「我這麼辛苦趕去買菜，但是沒有一個人領情，他們都
不把我看作家中一份子，完全不懂得欣賞我！」

- 這個想法，你認為她背後出現甚麼信念或原則呢？
  一家人應該＿＿＿＿＿＿＿＿＿＿＿＿＿＿＿＿＿＿＿＿＿＿

- 她的期望是甚麼？
  我為＿＿＿＿＿＿＿＿＿＿＿＿＿＿＿＿＿＿＿＿＿＿＿＿＿

2. 王太：「唉！都是自己不好，有抑鬱病，哪有人會喜歡見到別
人愁眉苦臉呢！」

- 這個想法，你認為她背後出現甚麼信念或原則？
  有 ＿＿＿＿＿＿＿＿＿，應該 ＿＿＿＿＿＿＿＿＿＿！

- 你認為她的期望是甚麼？
  我 ＿＿＿＿＿＿＿＿＿，家人 ＿＿＿＿＿＿＿＿＿！

3. 阿仁：「唉！誰叫我沒出息，沒有大學學位，這輩子也會被別
人欺負，再不會有前途哩！」

- 你認為這個想法的背後出現了甚麼信念或原則？
  ＿＿＿＿＿＿＿＿＿＿，就一定 ＿＿＿＿＿＿＿＿＿＿。

• 他的期望是甚麼？

我 _____ ，他們就 _____ 。

（參考答案見第 160 頁附錄三）

（八）你的得益

• 總括來說，在本章中我對自己的學習表現給予 _____ 分。
（0 分最差，10 分最高）

• 做了好幾個練習，你已初步掌握了如何從自己的思想陷阱中推想出自己的思想規條是甚麼。從上星期的「身心思維自我分析」中，你看到當時自己最主要的

思想陷阱是：_____

• 從下面的分析中，請嘗試了解自己的想法背後有甚麼信念及期望。

思想陷阱：_____
思想規條：_____
思想規條包括了：
（1）信念／原則，例如：_____
（2）期望，例如：_____

（九）補充資料

負面思想自我反問法

「認知行為學派」認為人的負面不自主思想模式及信念是透過經驗學回來的。當我們面對生活事件時，這些思想模式及信念便會不自主地影響着我們怎樣理解及分析這些生活事件，從而進一步影響我們對事件的行為及情緒反應。從輔導的角度看，我們必須學習糾正那些習以為常的思想模式及信念，好讓我們不致做出不恰當的行為及情緒反應。

■ 自辯的目的

當我們察覺自己用了不恰當的思想模式及信念去理解事物時，我們便可即時利用自辯的方法來檢視自己的想法是否出了問題。例如，當朋友批評自己的時候，我們可能會立刻想到朋友是故意挑剔自己，並為此而感到不高興。在這個時候，我們便可利用自辯的方式來檢視自己的想法是否恰當。我們可以這樣問自己：**「我有甚麼事實和證據可證明朋友是故意挑剔自己的呢？」**另外，我們亦可以問：**「是否所有人身處於同一情況下都會像我一樣作出同樣的結論呢？」**。透過這些自我提問，我們便可分辨出自己的想法是否正確。

■ 學習過程

初學者往往會因感到難於糾正不自主思想及信念而很快便放棄運用自辯的技巧，這一點是值得我們注意的。其實，自辯是一個過程，箇中技巧是要經過重複的練習才可以掌握得到。同時，我們更要學習怎樣察覺自己是否已陷入負面不自主思想及信念的羅網中。這個步驟是非常重要，因為這樣可以把不自覺的負面不自主思想及信念提升到意識的層面上。即是，我們要經常提醒自己是否理性及正面地剖析問

題。一般而言，我們可以用以下兩個方法協助自己把不自主的負面思想提升至意識的層面：

（1）在面對某些生活事件並出現負面情緒時，我們可以問自己這個問題：**「我是否用了一些負面不自主思想模式去了解和分析這個生活事件？」**

（2）把事件寫在紙上，並嘗試思索這事件是怎樣影響自己的思想、行為及情緒。我們從中便可知道自己的負面思想模式及信念了。

當我們習慣了用這個方法去了解自己的思想模式及信念時，我們便可以不用把它寫在紙上。

■ 自我反問的技巧

當我們察覺自己的思想中出現負面思想模式及信念時，我們可以用以下的自我提問方式來糾正這些思維：

（1）**「是否有甚麼證據可證明我這個想法是對的？」**或**「是否有甚麼證據可以證明我這個想法是錯的？」**。這兩個提問可以協助我們理性地分析事件或情況。例如，當我認為朋友是有意挑剔自己時，這兩個提問便可引導去尋找證據證明或推翻我的想法。

（2）**「是否每個人處於同一情況下會跟我有同樣的想法？」**。這個提問可以幫助我們了解到自己的想法不是唯一及絕對的想法，因此也不一定是對的。

（3）**「從另外一個角度看這件事，我的想法是：……」**。其實，每一件事情都可以有多個觀點及看法，自己的某個看法不一定是對的。

(4)「**情況最壞的時候會是怎樣的呢？**」。有些時候，我們會把事情災難化，認為事情已到了一個無法收拾及極壞的情況。其實，當我們細心審視事情時，我們便明白事情不是想像中的那麼壞。這個提問對於那些容易焦慮的人尤其有效。

(5)「**如果我繼續負面的想下去，對我會帶來甚麼壞處呢？**」或「**如果我用一個新的想法去了解這件事情，對我會帶來甚麼好處呢？**」。這兩個提問主要是協助我們衡量是否值得繼續擁有或應立刻放棄某個負面的想法。倘若我們明白某些負面思想模式及信念是經常影響着我們的情緒及行為時，我們便應該放棄某些負面的想法及信念。

附錄一 「考考你之阿仁的思想規條」的答案

阿仁身上的思想規條，信念及期望：

阿仁身上的思想規條：

> (1) 現在兄弟有麻煩，你不是不願意幫這個忙吧；
> (2) 難道女朋友比兄弟重要；
> (3) 我對你這麼好，你現在這樣子對我。

阿仁的信念及期望：

◆兄弟有難必須幫忙

作為朋友，無論遇到任何困難，也應該給予援手，不應該袖手旁觀，否則便不算是朋友。 （信念）

自己有困難，朋友無論如何也會給予幫忙。　　　　　（期望）

◆朋友比女友更為重要

夫妻如衣服，友情較男女間的感情更重要。　　　　（信念）

如果女朋友有事你也會幫忙，好朋友有事你更加沒有理由不去幫忙。　　　　　　　　　　　　　　　　　　　　　　　　　（期望）

◆我對你好，你也要對我好

朋友應該有情有義，不應忘恩負義，並要感恩圖報。　（信念）

如果我幫過你，你也會給我幫忙。　　　　　　　　　（期望）

附錄二　「多做練習，多點認識」的答案

「思想規條」與「思想陷阱」的分類：

(1) 要有好的前途，必須讀書有成。　　　　　　（思想規條）

(2) 大學又考不上，以後哪會有前途！　　　　　（思想陷阱）

(3) 快樂的人生是事事順利，沒有障礙。　　　　（思想規條）

(4) 一輩子也倒霉，挫折重重，怎會快樂？　　　（思想陷阱）

(5) 只有志同道合、志趣相投的人才會成為朋友。　　　　　　　　　　　　　　　　　　　　　　　（思想規條）

(6) 他這樣沒有禮貌，他的朋友多數也是沒有禮貌。　　　　　　　　　　　　　　　　　　　　　　　（思想陷阱）

(7) 父母的判斷必然比子女的正確。　　　　　　（思想規條）

(8) 為人父母當然希望子女好，為甚麼我的子女總是不依從自己的意思？　　　　　　　　　　　　　（思想陷阱）

(9) 付出必須有回報。　　　　　　　　　　（思想規條）

(10) 我付出了那麼多，為何他（男朋友）　　（思想陷阱）
沒有丁點兒的回報？

(11) 氣死人，明明錯了，為甚麼沒有人會　　（思想陷阱）
指出來？

(12) 世上絕對有「對」與「錯」，對的應　　（思想規條）
得到認同，錯誤的應必須否決／加以糾正。

(13) 你有事也不告訴我，我在你心目中算　　（思想陷阱）
是甚麼？

(14) 對重視自己的人要完完全全坦誠。　　　（思想規條）

(15) 為甚麼老天爺這樣不公平，有些人含　　（思想陷阱）
着金鎖匙出生，有健康有美貌，甚麼都唾手可得！

(16) 世界要公平。　　　　　　　　　　　　（思想規條）

附錄三　「思想規條～信念與期望」的參考答案

王太與阿仁的思想陷阱和規條：

1.「**我這麼辛苦趕去買菜，但是沒有一個人領情，他們都不把我看作家中一份子，完全不懂得欣賞我！**」

- 這個想法，你認為背後出現甚麼信念／原則呢？
  一家人**應該互相幫助，互相欣賞。**

- 她的期望是甚麼？
  我為家人付出這麼多，他們該報答我，欣賞我。

2.「唉！都是自己不好，有抑鬱病，哪有人會喜歡見到別人愁眉苦臉的呢！」

- 這個想法，你認為背後出現甚麼信念或原則？
  有**病的人**，應該**會被別人（家人）厭棄**。

- 你認為她的期望是甚麼？
  我**如果沒有患上抑鬱病，家人就不會討厭我**，排斥我。

3.「唉！誰叫我沒出息，沒有大學學位，這輩子也會被別人欺負，再不會有前途哩！」

- 這個想法，你認為背後出現甚麼信念或原則？
  學歷低，就一定被人欺負。

- 他的期望是甚麼？
  我**努力工作**，他們就**應該欣賞我**。

破繭而出

——跳出思想規條的框框

太多的一定與必須，會令生活過於沉重；

若多點或者和也許，生活由此變得從容。

本章學習目的

透過本章，你應該懂得以下兩點：

(1) 進一步了解思想規條及其影響；

(2) 學習一些改寫規條的方法。

王太記事簿

王太的兒子提議她提早退休，原意是愛惜母親身體，知道現時她的工作十分吃力，希望她不要太過操勞。可是，王太卻為此而惹來不少煩惱，思索了不少人生問題。例如她從前一直認為：「應該在自己的工作崗位上幹至退休年齡，光榮地退下來。」但現時工作量增多，時間增長，自己在家庭工作兩方面委實難於兼顧，身心兩方面也確實感到疲累。

她確曾想過：「未到退休年齡便辭去工作，即是提早變成廢人。」但近期她參加舊同學的聚會，見到有部分同學已沒有再工作，但仍是容光煥發，似乎生活也十分充實。她跟同學談到兒子提過希望她早點退休，同學都異口同聲地說：「兒女長大，辛苦了這麼多年，也是時候退下來。而且，你還對社會作出一個很大的貢獻哩，為失業人士提供多一個就業機會，你看，你多偉大！」

大家你一言、我一語，嘻嘻哈哈笑了一陣子，王太的心情不覺寬暢了許多。

王太回家跟丈夫談起在同學聚會中，其他人對退休問題的看法。王先生有點不以為然地答道：「上次我說的也是差不多這個意思，但奇怪，上次你會發脾氣，不開心。但今次你的舊同學亦是說了那些意見，你卻可以和她們嘻嘻哈哈。唉，難怪女人的心情總被人說成像春天的雲！」

究竟王太今次對退休問題的看法，是否真正重新得到啟示呢？

在上文中，你可有發覺王太有一個優點？就是她願意將自己的問題向身邊的人傾訴。雖然別人不一定可以幫得上忙，但說出來總比藏在心裡好，將問題說了出來，或多或少可以減輕你心底的鬱悶。

開心行動日

在開始本章練習前，又要問大家一個問題，在過去一星期有否完成你的開心活動呢？

活動內容：＿＿＿＿＿＿＿＿＿＿＿＿＿＿＿＿＿＿＿＿

如有，你的感覺如何：＿＿＿＿＿＿＿＿＿＿＿＿＿＿＿

若沒有，是甚麼原因：＿＿＿＿＿＿＿＿＿＿＿＿＿＿

（一）思想規條再寫

思想規條

　　還記得甚麼是思想規條嗎？那就是上一章所說每個人用作衡量自己及別人的標準尺規，亦即是對自己及別人的衡量標準。

　　● 理所當然，每個人對自己或別人都會有某些衡量標準，因為每個人都有自己一套價值觀，我們不可能甚麼東西都接受，因而失去個人的喜惡及判斷是非黑白的能力。因此，我們需要一套合理的衡量標準來協助自己去做價值判決。

　　● 問題是我們如何去訂定這套標準及靈活地去運用，因為訂得太高或太低、運用不得宜或矯枉過正，它都會帶來不幸的後果。

　　● 所以我們要學懂如何隨時靈活地修正我們的不合理規條。

如何改寫自己的規條

　　每個人的思想規條中都會存在一些可取和不可取的規條，譬如說：你給自己定下了的思想規條是：

> ● 我覺得勤力工作，「一定」會被老闆賞識。
>
> ● 我覺得今時今日的香港，「必須」要考上大學，將來才會有希望。

　　驟眼一看，這些規條可能符合某些人的標準尺規，但肯定不可以被所有人接受，並且也不見得完全合理。你可以如何將它們摒除或把它們放寬呢？

新戰、心戰

要學習改寫思想規條，我們便要重新戰鬥、重新思考，學懂如何戰勝心魔。下面教你如何運用心戰打走你不合理的思想規條。

【心戰一】 寬鬆一尺，開心一丈

凡事都不能過於執着或堅持，因為期望未必與現實相符。另外，無法實踐或完成的期望，會使自己及身邊的人不高興和不滿。緊記：「退一步海闊天空」。同時，要問自己：「繼續執着下去，對自己及他人會有甚麼影響呢？」

【心戰二】 打破傳統，與時並進

有些規條是我們從傳統文化下潛移默化地學懂並接受下來。一些僵化的文化觀念未必適用於現代社會。倘若我們堅持把傳統觀念套用在現實生活中，我們會給自己和別人製造很多矛盾及苦惱。

【心戰三】 善待自己，放輕責任

有些人把一些規條看成為一些絕對的標準和責任，並認為倘若達不到標準和未能完成責任便是徹底的失敗。在這樣的情況下會為自己和別人帶來很多壓力，並為實踐責任而疲於奔命，在無法完成責任時，更會為此而失望。

【心戰四】 善待他人，切莫強求

有時候我們不自覺地把自己的一些信念及價值觀加諸別人身上，使別人遵行我們認為是對的行為表現。一旦別人無法遵照我們的想法行事時，我們會感到不快及不滿對方的處事方式。

【心戰五】 規條我定，修訂亦然

　　各人對同一規條的看法不一，當我們把它看為絕對正確的生活及行為指標時，我們及身邊的人很可能會因而受到壓力，及感到不滿。但如果我們選擇用另一個角度去看這些規條，並加以放寬，我們和身邊的人都可能感到輕鬆一點。你願意「選擇」去改寫你的規條嗎？

　　若你能熟習上述「心戰」的五個口訣，定能幫助你免除很多不必要的煩惱。

（二）另立新方向

　　當我們發覺某些思想規條是不合理及沒有必要遵從時，我們便需進一步學習如何去重新思考，為思想規條另立新方向。

　　以下例子解說如何為思想規條另立新方向：

> **規條一：如果我要人幫忙，我便是一個沒出息的人。**

　　☺**好處／幫助**：可以令自己努力工作，不倚賴別人。

　　☹**壞處／不良影響**：有很多事情都非個人能力所及，若堅守這個規條，某些事情非要別人幫忙時，便會產生很大的挫折感，失去自信。

　　● **腦筋轉一轉，規條新方向**：有需要時找別人幫忙，也是很正常不過，世上沒有人能辦妥所有的事情啊！

　　● **所用心戰口訣**：寬鬆一尺，開心一丈。

（**請細想**：要人幫忙和有沒有出息並沒有必然的關係，這種想法過於「非黑即白」。同時，理性地細想，世上是否有些人可以一輩子也不用別人幫忙？如要別人幫忙，是否就等如沒有出息？）

規條二：如果我做不來，我就會失信於人

☺**好處/幫助**：很盡責，做事會全力以赴。

☹**壞處/不良影響**：假若某件事你盡了全力也做不來，你便會很氣餒，覺得有愧於人，會責備自己。

• **腦筋轉一轉，規條新方向**：只要盡了自己的能力，就是有些事情辦不來，只要預先向別人交待清楚，也問心無愧！

• **所用心戰口訣**：善待自己，放輕責任。

（**請細想**：就是事情辦不來，別人是否一定不接納我的解釋？如果我已經盡了力及預先想出其他補救的方法，他也未必覺得我失信於他？）

規條三：子女讀書成績不理想，表示他/她們對父母沒有孝心。

☺**好處/幫助**：你會盡力督促及鼓勵子女努力讀書。

☹**壞處/不良影響**：並非每個人都是讀書的料子，若你的子女努力讀書，成績仍是差強人意，你會責備他/她們沒有孝心，弄得父母

子女的關係緊張，對家庭造成壞影響。

● **腦筋轉一轉，規條新方向**：孩子各有所長，子女讀書成績雖然不夠理想，但只要在其他方面努力，仍是一位孝順及值得疼惜的孩子！

● **所用心戰口訣**：善待他人，切莫強求。

（**請細想**：成績是否代表一切？同時，每個人的資質各有不同，只要他們沒有學壞，父母不是也值得安慰嗎？）

> **規條四：養活妻兒是做丈夫的責任，若不能肩負起家庭的經濟擔子，便等同廢物。**

☺**好處 / 幫助**：會積極照顧家庭，做一位負責任的丈夫及父親。

☹**壞處 / 不良影響**：世事無常，當社會經濟不景或轉型，做丈夫的不幸失業，一時間未能負起養家的責任時，就會變得十分沮喪，給予自己很大的精神壓力。

● **腦筋轉一轉，規條新方向**：家，由彼此共同擁有，做丈夫只需盡力去維持家計，如果現實環境辦不到，大家也可以分工合作哩！

● **所用心戰口訣**：打破傳統，與時並進。

（**請細想**：現時經濟不好，失業問題嚴重，就算現時未能夠肩負起經濟擔子，也是普遍不過，並非與個人能力有直接關係。況且，時代亦已不同，女人出來工作十分常見，難道這個家她們沒有份兒嗎？同時，是否每時每刻也一定「男主外，女主內」呢？）

> ### 規條五：朋友要肝膽相照，互相幫忙。

☺**好處／幫助**：你會是一位可靠的朋友，朋友有困難時你會盡力幫忙。

☹**壞處／不良影響**：有時朋友某些困難並不是你的能力可以幫得上忙，例如感情或金錢問題。你會因為不能給朋友施以援手而過分自責。

● **腦筋轉一轉，規條新方向**：朋友有困難當然應該幫忙，但解鈴還需繫鈴人，當我們不能給予實質的幫忙時，我們只可以做到提供意見或勸解，給予精神上的支持。

● **所用心戰口訣**：規條我定，修訂亦然。

（**請細想**：朋友有困難當然應該幫忙，但我們只可做到盡力而為，不可以超過自己的能力範圍。因為有很多問題的底蘊只有當事人才明白，旁人是無法理解。）

（三）王太的心戰口訣

從本章的王太記事簿中，我們看到她不時被一些思想規條所苦惱。你能否給她幫個忙，運用你學懂的心戰來為她另立新方向嗎？我們會隨即給你分析。

思想規條練習～王太記事簿

工作上的規條：**應該在自己的工作崗位上幹至退休年齡，光榮地退**

下來。

她的信念是：如果不能好好地工作至退休年齡，那麼就不光彩，不是個好員工。

★你覺得這個想法對王太的情緒有甚麼影響呢？ _____

_____

☆你可以怎樣為王太改寫這規條： _____

_____

☆你運用的心戰口訣是： _____

★這個想法對王太的情緒有甚麼影響呢？

　　我們認為：無論基於甚麼原因，若她需要提前退休時，很自然便會產生自卑心。

☆可以怎樣為王太改寫這規條？

　　我們會修訂為：兒女長大，我可以提前退休，是我的福氣。我更可以去實踐以前沒有機會完成的心願，例如：進修自己有興趣的課程、旅行等。

☆我們運用的心戰口訣是：規條我定，修訂亦然。

工作上的規條：**未到退休年齡便辭去工作，即是提早變成廢人。**

她的信念是：未到退休年齡的人士都要上班工作，否則便是個廢人。

★你覺得這個想法對王太的情緒有甚麼影響呢？＿＿＿＿＿＿＿＿＿

＿＿＿＿＿＿＿＿＿＿＿＿＿＿＿＿＿＿＿＿＿＿＿＿＿＿＿＿＿＿

☆你可以怎樣為王太改寫這規條：＿＿＿＿＿＿＿＿＿＿＿＿＿

＿＿＿＿＿＿＿＿＿＿＿＿＿＿＿＿＿＿＿＿＿＿＿＿＿＿＿＿＿＿

☆你運用的心戰口訣是：＿＿＿＿＿＿＿＿＿＿＿＿＿＿＿＿＿

★這個想法對王太的情緒有甚麼影響呢？

我們認為：若她堅持這個想法，萬一不幸丟了工作，她的情緒必定會跌至谷底。

☆可以怎樣為王太改寫這規條？

我們會修訂為：不少人由於不同的原因都需要提前退休，但他／她們一樣可以活得很有意思。問題只是要學懂如何善用我們的時間。

☆我們運用的心戰口訣是：寬鬆一尺，開心一丈。

家庭上的規條：**做丈夫的自然要明白妻子的想法。**

她的信念是：就算沒有說出來，兩夫婦也會明白對方。

★你覺得這個想法對王太的情緒有甚麼影響呢？＿＿＿＿＿＿＿＿

＿＿＿＿＿＿＿＿＿＿＿＿＿＿＿＿＿＿＿＿＿＿＿＿＿＿＿＿

☆你可以怎樣為王太改寫這規條：＿＿＿＿＿＿＿＿＿＿＿＿＿

＿＿＿＿＿＿＿＿＿＿＿＿＿＿＿＿＿＿＿＿＿＿＿＿＿＿＿＿

☆你運用的心戰口訣是：＿＿＿＿＿＿＿＿＿＿＿＿＿＿＿＿＿

★這個想法對王太的情緒有甚麼影響呢？

　　我們認為：就算是兩夫婦也很難完全明白對方的心意，若王太遇到問題時不坦白地說出來，很容易會引起對方的誤解，造成雙方都不高興。

☆**可以怎樣為王太改寫這規條？**

　　我們會修訂為：俗話說：別人不是你心裡頭的一條蟲。就算是丈夫也不能完全明白我的想法，所以遇到問題時應該坦誠相對，說出問題所在。

☆**我們運用的心戰口訣是：善待他人，切莫強求。**

（四）情緒溫度計與身心思維自我分析表之五

情緒溫度計

你的情緒指數是：（請圈出你認最恰當的分數，0 分最差，10 分最好。）

情緒溫度計	0	1	2	3	4	5	6	7	8	9	10

在上一章，你的情緒指數是 ＿＿＿ 分。

在本星期，你的情緒指數平均是 ＿＿＿ 分。

你做了些甚麼使自己的分數較上星期高了些？ ＿＿＿＿＿＿＿

你在未來一星期可做些甚麼來提升自己的分數： ＿＿＿＿＿＿

身心思維自我分析表

請選取一件過去一星期令你產生負面情緒的事情：

引發事件：＿＿＿＿＿＿＿＿＿＿＿＿＿＿＿＿＿＿＿＿＿＿

＿＿＿＿＿＿＿＿＿＿＿＿＿＿＿＿＿＿＿＿＿＿＿＿＿＿＿

	各項反應的出現	如何運用五常法
身體變化 （警告訊號）		1. 按停：按停身體警告訊號
當時想法		2. 腦袋停一停：暫停一切負面想法

		思想陷阱類別：（可能超過一種）
		- - - - - - - - - - -
		- - - - - - - - - - -
		- - - - - - - - - - -
		想法背後可能隱藏着甚麼規條
		- - - - - - - - - - -
		- - - - - - - - - - -
		- - - - - - - - - - -
		這個想法是否值得保留？
		□ 值得　/　□ 不值得
		原因：
		- - - - - - - - - - -
		- - - - - - - - - - -
		- - - - - - - - - - -
		你會如何修訂這項規條：
		- - - - - - - - - - -
		- - - - - - - - - - -
		你運用的心戰口訣是：
		- - - - - - - - - - -
		- - - - - - - - - - -
情緒反應		3. 自我反問：反駁自己的思想陷阱
	- - - - - - - - - - -	- - - - - - - - - - -
	- - - - - - - - - - -	- - - - - - - - - - -
	- - - - - - - - - - -	建立正向思維：新觀點、新角度
	- - - - - - - - - - -	- - - - - - - - - - -
		- - - - - - - - - - -

		- - - - - - - - - - - - - - - - - - - - - - - - - - - -
行為反應	 - - - - - - - - - - - - - - - - - - - - - - - - - - - - - - - - - - - - - - - - - -	4.分散注意力：小行動 - - - - - - - - - - - - - - - - - - - - - - - - - - - - - - - - - - - - - - - - - -
		5.聰明咭：人生雋語 - - - - - - - - - - - - - - - - - - - - - - - - - - - - - - - - - - - - - - - - - -

開心行動日

又到「開心行動日」這個環節，這個星期你打算去尋找或尋回哪些使自己快樂的事情呀？快來完成以下練習吧！

開心行動表

在未來一星期內，你打算完成哪一項開心行動呢？

活動：＿＿＿＿＿＿＿＿＿＿＿＿＿＿＿＿＿＿＿＿

日期：＿＿＿＿＿＿＿＿＿＿＿＿＿＿＿＿＿＿＿＿

時間：＿＿＿＿＿＿＿＿＿＿＿＿＿＿＿＿＿＿＿＿

（五）總結

思想規條是死的，而我們的思想是活的，如何運用我們活的思想去改變死的規條，這不是大學問，但卻需要我們的恆心和耐性去達成。

從今天起，大家應該利用本章講授的心戰口訣來為自己改寫那些已僵化的思想規條。

快樂不是來自外在的物質，
而是源自個人的情感深處。

（六）你的習作

讓我們再以阿仁的情況做例子， 運用你學懂的心戰口訣來為他改寫思想規條。

思想規條練習～阿仁記事簿

朋友上的規條：**兄弟有難必須幫忙。**

他的信念是：作為朋友，無論遇到任何困難，也應該給予援手，不應該袖手旁觀，否則便不算是朋友。

★你覺得這個想法對阿仁的情緒有甚麼影響呢？＿＿＿＿＿＿＿＿
＿＿＿＿＿＿＿＿＿＿＿＿＿＿＿＿＿＿＿＿＿＿＿＿＿＿＿

☆你可以怎樣改寫這規條：＿＿＿＿＿＿＿＿＿＿＿＿＿＿＿＿
＿＿＿＿＿＿＿＿＿＿＿＿＿＿＿＿＿

☆你運用的心戰口訣是：＿＿＿＿＿＿＿＿＿＿＿＿＿＿＿＿＿

朋友上的規條：**朋友比女友更為重要。**

他的信念是：夫妻如衣服，友情較男女間的感情更重要。

★你覺得這個想法對阿仁的情緒有甚麼影響呢？ _____

_____

☆你可以怎樣改寫這規條： _____

_____

☆你運用的心戰口訣是： _____

個人上的規條：我對你好，你也要對我好。

他的信念是：朋友應該有情有義，不應忘恩負義，並要感恩圖報。

★你覺得這個想法對阿仁的情緒有甚麼影響呢？ _____

_____

☆你可以怎樣改寫這規條： _____

_____

☆你運用的心戰口訣是： _____

（答案見第 188 頁附錄一）

規條新方向～自省練習

在本章中，你曾經寫下對自己、工作、朋友／其他人、家庭、子女、父母及丈夫／太太的各項規條，現在請在下面 1-7 的空白處再寫一次。然後，請你重新思考，在方格內為自己的思想規條編寫出新的方向。

1. 自己： _____

★你覺得這個想法對自己的情緒有甚麼影響呢？ _____

_____

☆你如何改寫自己的思想規條： _____

_____

☆你用了哪一句心戰口訣： _____

2. 工作： _____

★你覺得這個想法對自己的情緒有甚麼影響呢？ _____

_____

☆你如何改寫自己的思想規條： _____

_____

☆你用了哪一句心戰口訣： _____

3. 家庭： _____

★你覺得這個想法對自己的情緒有甚麼影響呢？ _____

_____

☆你如何改寫自己的思想規條： _____

_____

☆你用了哪一句心戰口訣： _____

4. 朋友 / 其他人： _____

★你覺得這個想法對自己的情緒有甚麼影響呢？ _____

_____

☆你如何改寫自己的思想規條： _____

_____

☆你用了哪一句心戰口訣： _____

5. 子女：_____

★你覺得這個想法對自己的情緒有甚麼影響呢？ _____

_____

☆你如何改寫自己的思想規條： _____

_____

☆你用了哪一句心戰口訣： _____

6. 父母：_____

★你覺得這個想法對自己的情緒有甚麼影響呢？ _____

_____

☆你如何改寫自己的思想規條： _____

_____

☆你用了哪一句心戰口訣： _____

7. 丈夫 / 太太：_____

★你覺得這個想法對自己的情緒有甚麼影響呢？

＿＿＿＿＿＿＿＿＿＿＿＿＿＿＿＿＿＿＿＿＿＿＿＿＿

☆你如何改寫自己的思想規條：＿＿＿＿＿＿＿＿＿＿＿

＿＿＿＿＿＿＿＿＿＿＿＿＿＿＿＿＿＿＿＿＿＿＿＿＿

☆你用了哪一句心戰口訣：＿＿＿＿＿＿＿＿＿＿＿＿＿

（七）你的得益

• 總括來說，在本篇中你對自己的學習表現給予＿＿＿＿分。（0 分最差，10 分最高）。

• 請寫下三句最能夠幫助自己改寫規條的心戰口訣：

（1）＿＿＿＿＿＿＿＿＿＿＿＿＿＿＿＿＿＿＿＿＿＿＿

（2）＿＿＿＿＿＿＿＿＿＿＿＿＿＿＿＿＿＿＿＿＿＿＿

（3）＿＿＿＿＿＿＿＿＿＿＿＿＿＿＿＿＿＿＿＿＿＿＿

思想規條對與錯

請在方格內加☑，看看自己對本章的理解有多少？

	對	錯
(1) 我們對大多數事情的看法，都並非一定和必須。	☐	☐
(2) 很多思想規條都是定律，不可以隨便放寬和改變。	☐	☐
(3) 既然是自己訂下的思想規條，就一定是合理及非依從不可。	☐	☐
(4) 自己訂下的思想規條，適用於所有人的身上。	☐	☐
(5) 就算堅持自己的個人信念，都不會對任何人造成影響。	☐	☐
(6) 就算事情並不是如我所願，也不見得一定會造成很不幸的結果。	☐	☐

（答案見第 190 頁附錄二）

（八）補充資料

自我讚賞的重要

認知行為學派認為經驗是學習的主要媒介之一。因此，在學習新的行為、思維方法及情緒反應時，最有效的學習方法還是讓我們親身體驗成功的例子。同時，我們亦必須在過程中體會到這些成功的經驗是全仗自己的努力而達成的。故此，一個人愈是得到更多成功的經驗，新的行為、思維方法及情緒反應便會愈加鞏固。

但怎樣才可以讓我們在生活中得到更多的成功經驗呢？在回答這

個問題前，我們必須先了解有甚麼因素會影響一個人是否得到成功的經驗。筆者認為最少有以下幾方面的因素，它包括自我貶低的思維方式、過高的目標、不清晰的成功指標和文化因素等等。

自我貶低的思維方式

認知行為學派認為有些人在日常生活中會不自覺地採納了「自我貶低的思維方式」（minimization）來面對壓力及問題。他們會把成功的經驗視為理所當然或甚麼人都可以做得到的。因此，他們未能從成功的經驗中建立一個正面的自我觀。反之，他們的自我形象一般都頗低。同時，這些人是不會讚賞自己的能力及成就。在面對別人的讚許時，他們往往會不自覺地否定自己的能力及成就，並把成功的關鍵推卻於外在因素中。

過高的目標

對於一些完美主義者來說，他們的日常生活往往是充滿着失望及焦慮的。無論他們怎樣嘗試努力地把工作做好，他們總是認為自己還是有所欠缺的。但問題的所在是因為他們把目標定得太高、太完美。因此，無論他們把事情做得多好，他們總能夠看到一些瑕疵。由於這些人擁有完美主義的思維及行徑，他們在日常生活中便難於體驗成功的經驗。相反，他們往往會認為自己力有不逮，影響了自己的自我形象。

不清晰的成功指標

認知行為學派的理論認為人的認知、行為及情緒改變是需要透過具體的成功經驗而得以鞏固的。因此，在日常生活中，人們是必須為自己定下清晰的成功指標，好讓自己清楚認識到自己已成功地完成某項工作。例如，某人希望能成功地與同儕建立良好的工作關係。他們必先清楚訂出自己是否希望與所有或某一兩位同儕建立良好的工作關

係。同時，他亦須界定甚麼是「良好的工作關係」。倘若這個人能清
楚地回答上述的幾個問題，他便可以清楚地訂出這方面的成功指標。
要不然，他可能會覺得自己總是好像沒有成功地完成所訂定的目標。

　　另一個推動我們要建立清晰的成功指標的原因是，某些目標可能
不是一下子便可以達成的，在過程中，我們可能要建立一些「次目標」
（subgoals），按部就班的完成所需的部分，從而成功地完成最終的目
標。例如，某人希望與另一個人建立異性的男女朋友關係，他便必須
要：(1) 找機會認識這個朋友；(2) 有更多單獨接觸及相處的機會；(3)
向對方表達自己的愛意。從這個簡單的例子中，我們便明白到要完成
最終的目標，我們必先要把 (1)、(2)、(3) 的「次目標」做好。其實，
「次目標」本身亦可以是一些成功的指標。因為「次目標」一般是把
最終目標具體化及清晰地表達出來。

文化因素

　　從一些文獻中，我們知道中國人的文化特質是傾向把成功的原因
外在化和把失敗的原因內在化（externalize success and internalize
failure）。這個歸因方法導致某些人無法建立成功的生活體驗，並總
是把自己的成就歸功於「運氣」、「別人的幫助」和「天意」等等。
同時，當他們面對失敗的經驗時，他們總是很快地把失敗的原因放在
自己的身上，並且總是埋怨自己為何沒有想到和做到某些事情，以令
情況弄到如此地步。倘若一個人愈是深深受着這個文化因素的影響，
他便很難得到成功的生活體驗，並會很容易建立一個負面的自我形
象。

怎樣才可以讓自己在生活中得到更多成功經驗呢？

■ 要認識自己的「自貶思維方式」

以下提供了幾個方法，可讓我們認識自己的「自貶思維方式」：

• 當面對一些負面的生活經驗時，我們可叫自己靜下來，並問問自己是否陷入自貶思維的困籠。除此之外，我們亦可在適當的時候把這些經驗記錄下來並作為參考，了解自己是否受着自貶思維方式的影響。

• 我們的朋友及家人可能是最了解自己的人。倘若他們都不謀而合地對你作出同一樣的批評，你便該好好的反省一下。如果他們都説你擁有自貶的思維方式，你便該留意自己是否真的擁有這樣的思維方式。

• 我們亦應該嘗試探討一下，我們的自貶思維方式是否受着中國文化的影響。如果這是事實，我們便必須經常提醒自己不要讓這文化傾向影響我們對成就的錯誤判斷。

■ 調低自己的目標

我們有些時候會不自覺地為自己訂了不切實際或頗高的目標，倘若我們不去重新訂定這些目標，便可能會為自己加添更多失敗的經驗。這一種情況對於一些完美主義者來説更是值得關注的。我們很難在這裡概括地説明甚麼是不切實際或過高的目標，但如果我們經常為了要完成所訂定的目標而感到焦慮、煩躁及身心疲累時，我們或許要了解自己是否把目標定得太高。另外，倘若你身邊的朋友及家人都不斷向你提出這方面的忠告，你便應該嘗試檢討一下這個情況。

■ 把目標具體化及建立次目標

為了讓我們清楚明白自己是否已完成既定的目標，我們必須為目

標定下明確的成功指標。目標訂得越清晰，我們便越容易判斷自己是否已完成所訂定的目標。同時，當目標是不能一下子便完成時，我們可能需要為目標訂立「次目標」，好讓我們按部就班地完成最終的目標。從心理學的角度看，這樣亦可為我們減少因感到難於達成最終目標所帶來的不安及焦慮情緒。

■ 爭取多些機會學習怎樣讚賞自己的成就

如果自己是那種不擅於覺察及讚賞自己成就的人，我們必須要爭取多一點的機會去留意及讚賞自己努力的成果。無論已完成的事情是重要或是平凡，我們亦應該給予自己一些讚賞。在開始的時候，我們可以把自己所做過的事情記錄在記事簿中，當我們翻看記錄簿時，我們便可了解哪些已完成的事件是值得我們給予讚賞的。經過重複的練習後，我們便懂得在甚麼時候和情況下可讚賞自己的成就。

附錄一 「思想規條練習～阿仁記事簿」的答案

朋友上的規條：**兄弟有難必須幫忙。**

他的信念是：作為朋友，無論遇到任何困難，也應該給予援手，不應該袖手旁觀，否則便不算是朋友。

★你覺得這個想法對阿仁的情緒有甚麼影響呢？

若個別朋友在他有需要時不能即時給予援手，阿仁會衝動地不去考慮其他因素，便認為別人不是他的真正朋友。這不只導致他不快樂，還會令他失去朋友。

☆你可以怎樣改寫這規條：

「朋友有困難互相幫忙是應該的，但也要視乎當時的情況，我們要懂得體諒朋友的處境，自己幫朋友時也應該量力而為。」

☆你運用的心戰口訣是：善待他人，切莫強求。

朋友上的規條：**朋友比女友更為重要。**

他的信念是：夫妻如衣服，友情較男女間的感情更重要。

★你覺得這個想法對阿仁的情緒有甚麼影響呢？

這個想法不只對他的朋友造成壓力，對他自己也沒有好處，尤其婚後，會造成很多不愉快的家庭事件。

☆你可以怎樣改寫這規條：

「友情與愛情如何取得平衡，因人而異，不能過分執着誰重誰輕。朋友可以幫忙固然不錯，不能幫得上忙也定必有他的原因，我們不能強人所難。」

☆你運用的心戰口訣是：善待他人，切莫強求。

個人上的規條：**我對你好，你也要對我好。**

他的信念是：朋友應該有情有義，不應忘恩負義，並要感恩圖報。

★你覺得這個想法對阿仁的情緒有甚麼影響呢？

對自己、對朋友都造成一定的壓力，朋友間幫個忙，卻每每都要

想着感恩圖報，未免弄得肩頭的擔子很重，那又怎會活得開心呢？

☆你可以怎樣改寫這規條：

「所謂施恩莫望報，我們給別人幫忙，只是盡自己的責任，而並不是交換別人的回報。相反，朋友對我們的要求亦然。」

☆你運用的心戰口訣是：寬鬆一尺，開心一丈。

附錄二　「思想規條對與錯」的答案

（1）**對**：沒有多少事情的看法會是一定和必須的。

（2）**錯**：大多數的規條都是可以放寬和改變的。

（3）**錯**：怎可以如此肯定，世事無絕對，每個人訂下的思想規條都可能有不合理或不適當的地方。

（4）**錯**：世上有千萬人，怎可能自己訂下的思想規條，會適用於所有人上。

（5）**錯**：自己的思想規條不只影響自己，很多時也會影響他人。

（6）**對**：自己所希望的結果未必會是最好，所以就算未如願，也不見得一定會有不幸的結果。

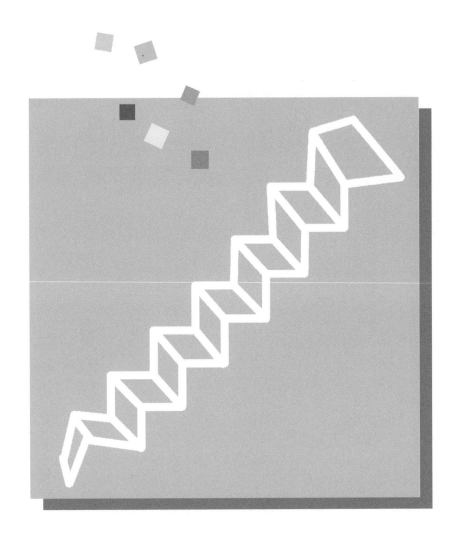

⑨
走出谷底

人生毋須「竭」盡所能，成功只在於你是否懂得均衡。

——班·庫巴塞克（Ben Kubassek）

完成本章練習之後，你的獲益是：

(1) 了解個人生活模式如何影響抑鬱症的病況；

(2) 學習實踐具體行動計劃以建立新的生活模式。

王太記事簿

　　王太今天又睡得不好，五點多鐘又醒來。雖然今日休假半天，但回到公司後仍是神不守舍，以為自己可以提早將會議記錄寫好，怎曉得原來還未完全修改好就交給老闆。老闆雖然說那是小問題，只弄錯了少許，但王太覺得老闆望向她的眼神及同事的反應，表示他們暗地裡在笑她不中用……

　　回到家裡，本想着今晚兒子及媳婦回來吃晚飯，可以做桌好的飯菜，但走到菜市場，王太便覺得好累、頭痛，同時還有點頭暈，所以只隨意買了些熬湯的用料便回家。回到家亦提不起勁打掃，將湯水熬好，便上床小睡一會……

　　晚上，家人喝過王太熬的湯水後，便一起高高興興地去酒樓吃飯，王太那時又感到自己不中用！還好，家

人都很識趣，沒有抱怨，還說她熬的湯水挺不錯。

唉！王太又覺得自己很失敗，工作和家務都不稱職，連最基本做桌飯菜也不行，覺得自己根本就不配做一位好太太、好媽媽……

幾星期下來，王太的情緒本來有了好轉，但今天又出了問題。是甚麼原因令致王太的情緒不時起起伏伏呢？

王太可以如何走出日常生活的困境，她又怎樣能從日常生活事務中找出樂趣呢？

開心行動日

在開始本章練習前，又要問大家一個問題，在過去一星期有否完成你的開心活動呢？

活動內容：＿＿＿＿＿＿＿＿＿＿＿＿＿＿＿＿＿＿＿＿

如有，你的感覺如何：＿＿＿＿＿＿＿＿＿＿＿＿＿＿＿

若沒有，是甚麼原因：＿＿＿＿＿＿＿＿＿＿＿＿＿＿＿

（一）日常生活事務記錄表

甚麼是「日常生活事務記錄表」？

「日常生活事務記錄表」是簡單記錄自己一星期以來的活動情況，並記下對每個活動的成就感和滿足感程度。

　　此「記錄表」的目的是檢視和了解個人生活模式及習慣，藉此分析當中一些不健康的生活模式或習慣，如何影響自己的情緒或抑鬱症病況，以提醒自己需要改善或建立積極的生活方式。

　　為了要改善自己的情緒，尋找問題的癥結，我們試以上文「王太記事簿」來說明。王太除了在記事簿中寫下當天的所發生的事情外，還仔細地做了一個星期的「日常生活事務記錄表」：

王太的「日常生活事務記錄表」

	一	二	三	四	五	六	日
（早） 6-7時							
7-8時							
8-9時							
9-10時	開會時，別人提了好建議。 成＝2 滿＝2				媳婦致電說：明晚回來吃飯。 成＝3 滿＝4		
10-11時						會議記錄有少許出錯，但較預期早一星期完成。 成＝1 滿＝2	11時起床。 成＝1 滿＝3
（中午） 11-12時							往菜市場買菜。 成＝2 滿＝3
（下午） 12-1時		幫兒子到銀行取回信					做午飯。 成＝3

時間							
		件。 成＝4 滿＝3					滿＝3
1-2時							
2-3時						買菜。 成＝1 滿＝2	完成清潔家居、洗熨衣服及清理一星期堆積之雜物。 成＝3 滿＝2
3-4時		比預期遲了完成一項緊急工作。 成＝1 滿＝1				熬湯、收拾家居。 成＝2 滿＝3	清潔家居。 成＝3 滿＝2
4-5時							午睡。 成＝1 滿＝3
5-6時							午睡。 成＝1 滿＝3
（晚上） 6-7時	準時放工。 成＝3 滿＝3						做晚飯讓兒媳回來享用。 成＝1 滿＝2
7-8時	做晚飯。 成＝3 滿＝4	加班至8時。 成＝1 滿＝1	加班至7時。 成＝2 滿＝2			兒媳回來喝湯。 成＝3 滿＝4	做晚飯讓兒媳回來享用。 成＝1 滿＝2
8-9時			做晚飯。 成＝3 滿＝3	加班至9時。 成＝1 滿＝1	加班至9時。 成＝1 滿＝1	外出吃飯。 成＝1 滿＝3	

時間							
9-10 時	料理家務。 成＝2 滿＝2	料理家務。 成＝2 滿＝2					料理家務。 成＝2 滿＝2
10-11 時	11時睡覺。 成＝2 滿＝3	料理家務。 成＝2 滿＝2	兒子致電問候。 成＝2 滿＝2	料理家務。 成＝2 滿＝2	料理家務。 成＝2 滿＝2	11時睡覺。 成＝2 滿＝3	11時睡覺。 成＝2 滿＝3
（午夜） 11-12 時		12時睡覺。 成＝2 滿＝3	12時睡覺。 成＝2 滿＝3	12時睡覺。 成＝2 滿＝3	12時睡覺。 成＝2 滿＝3		

成＝成就感（5分為最高，1分最低）

滿＝滿足感（5分為最高，1分最低）

從王太的「日常生活事務記錄表」中，我們可作出以下的分析：

（1）王太一星期的成就感和滿足感偏低，難怪她時常感到情緒低落。

（2）王太很重視兒媳的關係，「兒媳回來喝湯」、「兒子來電問候」、「為兒子到銀行取信件」等都會令王太感到滿足及有成就感。這些也反映她愛惜自己的兒子和媳婦。

（3）王太在工作上的滿足感和成就感頗低，其中一個原因可能是她對自己的要求很高，也善於「否定自己」，只着眼於做得不夠好的地方。例如：雖然會議記錄有少許出錯，老闆也説是小問題，但她也覺得別人暗地裡説她不中用。也沒有欣賞自己能夠在預期前把記錄寫完。

（4）同時，她在家務上的成功和滿足感也不高，她總覺得這些是「份內」應做的事情。此外，丈夫亦沒有給予她甚麼正面的讚賞，反映她在這方面的工作成績只是一般而已。但她卻忘了欣賞自己可在短短的兩小時內，完成了清潔家居、洗熨衣服及清理家居雜物等事宜——讓自己墮入「貶低成功經驗」的陷阱裡。

（5）王太生活空間只集中於工作及家庭兩方面，欠缺其他的生活接觸面，這使其生活變得更枯燥、納悶，而最大問題是工作及家庭往往是導致她背負沉重壓力的根源，因而王太的抑鬱症病況更難康復。

（6）另方面，王太的生活安排令人最憂心的是當她生活不如意、不開心時，沒有其他途徑可宣洩，令自己的情緒得以平伏。加上單調、苦悶的生活模式，令王太未能懂得享受生活上的樂趣，以平衡負面的情緒。

你的日常生活事務記錄表

為了讓你更深入地了解自己是否過着一個均衡的生活，請你填寫自己的日常生活事務記錄表。

在填寫這個練習時：

（1）請找一個寧靜的位置，靜下來細想過去一星期內的生活狀況。

（2）你可能會忘記一些細節，請不用擔心，我們只希望你盡量把記得的寫下來。

（3）請緊記填上成就感和滿足感的分數（1-5分，5分為最高，1分為最低。如成就感有5分，以「成＝5」表示；滿足感有2分，以「滿＝2」表示）。

（4）如果你有困難去分析自己的情況，不妨找一位好朋友（例如你的見證人），跟他／她一起作這個分析吧！

（5）在填寫每一空格時，**只需寫上事件及分數**，不用太仔細把資料及感受寫下來。

你的「日常生活事務記錄表」

	一	二	三	四	五	六	日
（早） 6-7 時							
7-8 時							
8-9 時							
9-10 時							
10-11 時							
（中午） 11-12 時							
（下午） 12-1 時							

1-2 時							
2-3 時							
3-4 時							
4-5 時							
5-6 時							
（晚上） 6-7 時							
7-8 時							

8-9 時							
9-10 時							
10-11 時							
（午夜） 11-12 時							

成＝成就感（5 分為最高，1 分最低）

滿＝滿足感（5 分為最高，1 分最低）

「日常生活事務記錄表」的自省練習：

1. 總的來說，你的生活成就感和滿足感是怎樣的？

_____

_____

2. 你在生活哪一方面的滿足感和成就感有不錯的分數？

_____

_____

3. 你在生活哪一方面的滿足感和成就感是偏低的？原因何在？與你

的思想陷阱與思想規條是否扯上關係？

_____

_____

4. 你的生活快樂嗎？如果要改變，你可在生活哪方面作出改善呢？

(1) 改善自己的思維方式：

_____

_____

(2) 增加一些使你滿足及有成就感的生活：

_____

_____

(3) 減少一些使你不滿足及沒有成就感的生活：

_____

_____

(4) 改變某些生活習慣 (加 / 減)：

_____

_____

（二）均衡生活

　　每個人都對理想生活有不同的看法及定義，這與個人的價值觀有很大的關係。事實上，一個人有多方面的需要，均衡生活正反映我們生活上的需要，例如我們需要以工作賺取金錢維持生活外，我們亦需要與家人或朋友相聚，以建立穩定及親密的人際關係。當我們的生活太偏重於某一方面時很容易會帶來很多問題或沉重的壓力（例如情緒不穩、脾氣暴躁、生活苦悶、身體健康欠佳，甚至情緒疾病等），而這些壓力使我們的身體及情緒長期處於緊張的狀態。要紓解我們生活上的張力，我們便要照顧自己各方面的需要，建立及實踐均衡的生活

方式。

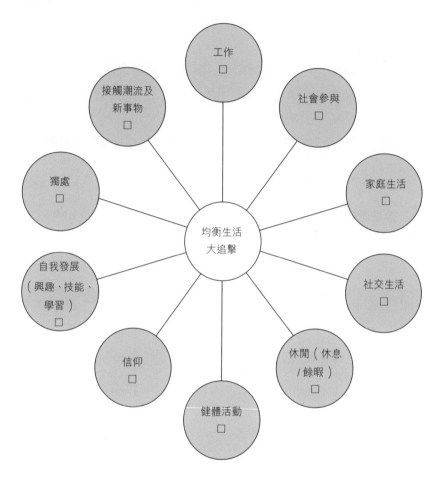

• 上圖例子闡釋一個均衡生活可以包括的生活層面，每個人的需要、生活及生命的優先次序都會有所不同，因而對理想中的均衡生活的要求亦會有差異。但通常均衡生活有精神，也有物質的層面；有私人，也有與人共聚的時刻。現在請你嘗試檢視一下現時的生活，看看是否需要為自己重新訂定均衡生活的內容。並請在你認為均衡生活必須有的生活部分▓內填上√號。

均衡生活大拍賣

(1) 以下的練習，目的是協助你深入了解自己的生活狀況：你的理想及現實生活。並讓你檢視自己現時生活狀況是否需要作出調校。

(2) 假設你現時擁有 100 萬元，你可運用這些金錢競投下列各拍賣項目，每個項目的最低額不能少於 5 萬元，而且不設上限，你會如何作出分配呢？

(3) 請以你期望的理想生活模式作為填寫「理想投資額」的指引，並以現時生活狀況作為填寫「實際投資額」的指引。

讓我們先看看王太的例子，然後再作進一步的分析：

均衡生活大拍賣

項　　目	理想投資額	實際投資額
(1) 工作	10 萬元	50 萬元
(2) 與配偶或男女朋友相處	15 萬元	5 萬元
(3) 與家人相聚（父母、子女、丈夫、太太），尤其是跟兒媳的相聚	30 萬元	20 萬元
(4) 與朋友相聚	20 萬元	10 萬元
(5) 休息	5 萬元	10 萬元
(6) 娛樂	5 萬元	5 萬元
(7) 健體活動	5 萬元	0 萬元
(8) 發展個人興趣	10 萬元	0 萬元
(9) 進修學習	0 萬元	0 萬元
(10) 認識社會潮流或新事物	0 萬元	0 萬元
(11) 參加宗教活動	0 萬元	0 萬元
總共：	100 萬元	100 萬元

現在，讓我們分析一下王太的生活狀況吧：

1. 王太花了一半的時間和精力在工作上，卻得不到甚麼滿足感和成就感（從日常生活事務記錄表中了解到這點）。反之，她卻沒有花任何時間來培養個人的興趣及健體活動。另外，她也花了不少的時間

及精力在子女身上，但又感到子女所做的事情未能滿足自己的心意。

2. 從王太的理想投資額中，我們不難看到王太希望大幅減少在工作上的投資，希望能花更多的時間在身邊的丈夫、子女及朋友身上。同時，我們也欣然看到王太願意花一些時間和精力來培養自己的個人興趣及健體活動上。

3. 我們贊同王太步向她的理想投資策略。第一，她不會再投放太多資源於一些自己感到沒有滿足感和成就感的事情上（例如：工作上）；第二，她將更多的資源用來發展個人的興趣，這是個較為平衡的生活方式。同時，王太亦將近退休之年，故把更多的時間投資發展個人興趣是十分合理的做法。再者，我們亦高興看到王太希望與丈夫有更多相處的機會，在黃金歲月裡，她該與丈夫建立更深厚及互相扶持的生活方式。

你的均衡生活大拍賣

現在，就讓你嘗試以自己為藍本，填寫以下的練習：

項　目	理想投資額	實際投資額
(1) 工作	萬元	萬元
(2) 與配偶或男女朋友相處	萬元	萬元
(3) 與家人相聚（父母、子女、丈夫、太太）	萬元	萬元
(4) 與朋友相聚	萬元	萬元
(5) 休息	萬元	萬元
(6) 娛樂	萬元	萬元
(7) 健體活動	萬元	萬元
(8) 發展個人興趣	萬元	萬元
(9) 進修學習	萬元	萬元
(10) 認識社會潮流或新事物	萬元	萬元
(11) 參加宗教活動	萬元	萬元
總共：	萬元	萬元

「均衡生活大拍賣」的自省練習

1. 我的現實生活狀況是否均衡呢？我偏重了哪方面的生活，卻忽略
   了哪方面的生活呢？

_____

_____

_____

2. 從我的理想生活中，我渴求甚麼樣的生活呢？我的理想生活有哪
   些方面與現實不一樣呢？（請列明）

_____

_____

_____

3. 我的理想生活是否達至均衡狀態呢？

_____

_____

_____

4. 如果我要得到均衡的生活，我需要作出怎樣的改善？

_____

_____

_____

小結

（1）這個練習的目的是，讓你檢視個人的時間分配及生活管理會否與自己的理想生活背道而馳？很多人都認為理想生活模式，是能夠時常與家人、朋友共聚，但現實生活中，卻將大部分時間埋首於工作中，而忽略了其他重要的生活層面。

（2）個人理想的生活模式並不等於均衡生活，你需要清楚了解甚麼是均衡生活及其好處，並將其實踐於現實生活中。

（3）檢視目前的生活狀況後，你認為生活上有甚麼地方自己是需要改變的？你一直追求的目標又是否需要調節？

（三）生活目標大追擊

透過「日常生活事務記錄表」及「均衡生活大拍賣」兩個練習，你可能開始察覺現時的生活欠缺均衡。現在請嘗試列出你認為應該及可以重整的生活部分，為自己定下一些長期目標及短期的實踐計劃。讓我們再以王太作例子：

訂定目標及其優先次序

從前面的兩個練習中，王太對自己的生活狀況有了一些了解，並為自己的生活定出以下的目標，亦為各項目標寫下了優先次序。

甲、王太的生活目標優先次序

（第一位：最希望做到；第五位：做不到亦無妨）

優先次序	生活目標	原因
第一位	發展個人興趣	從前面的兩個練習中，王太明白到很少照顧「自己」及愛惜「自己」，她希望日後可多做一些自己喜歡的事情。為了走出抑鬱情緒的谷底，她要多做點使自己開心的事情。
第二位	做一些定期的健體活動	她的身體近年出了少許毛病，也深深明白身體健康的寶貴，她很願意花時間去鍛鍊身體。
第三位	與丈夫一起做些事情	她認為兩夫婦年紀大了要互相依靠，但她也很明白她倆一直都頗為獨立，故亦不想過分影響丈夫的自由時間。但如果有機會她會多點與丈夫一起做點事。
第四位	多點與子女相聚	她明白子女已長大成人，有自己的生活圈子。儘管她希望多點時間跟他們見面，在現實中卻難以一一兌現。
第五位	進修	她曾想過在退休後到公開大學讀書，但對此想法並不熱衷。

最後，王太決定推行她首兩項長期目標，並訂出了具體計劃。

乙、長期目標

長期目標	原因
(1) 發展個人興趣：參加合唱團	王太少年時代已喜歡唱歌，並曾加入合唱團。這是一項她既有但失落了的興趣。
(2) 健體活動：參加太極班	王太的住所附近每天清晨都有太極班，她的一位鄰居曾多次邀請她參加。有鑒於自己缺乏運動，身體亦不時出現小毛病，王太願意嘗試這項健體活動。

丙、實踐長期目標的具體計劃

長期目標	具體計劃	成效指標	完成時限	獎勵
(1) 參加合唱團	(1) 找一個合適的合唱團	找到並決定參加該合唱團	一個月	買一盒心儀的CD。
	(2) 恆常地參與練習	每星期一次，一個月最多可缺席一次	三個月	為自己買一套表演禮服。
	(3) 參加公開表演	最少一次	六個月	請兒女及丈夫觀看，並一起吃晚飯。
(2) 參加清晨太極班	(1) 找一個合適的太極班	找到並決定參加該太極班	兩個月	買一套喜愛的運動服裝。
	(2) 恆常地參加與練習	每星期不少於兩次	一個月	買一盒太極示範表演的VCD。
	(3) 進一步參與練習	每星期不少於三次	一個月	無須特別獎勵。
	(4) 進一步參與練習	每星期不少於四次	一個月	與兒媳到郊野公園遠足*。

*務請緊記：有些活動要把難度逐步遞增，但不要強求或操之過急。

你的長期目標及短期實踐計劃

看過了王太的計劃，現在就讓你填寫你的長期目標及短期實踐計劃：

甲、你的生活目標優先次序

　（第一位：最希望做到；第五位：做不到亦無妨）

優先次序	生活目標	原因
第一位		
第二位		
第三位		
第四位		
第五位		

　　現在，請你決定先推行那兩項長期目標，並訂出具體計劃。

乙、長期目標

長期目標	原因
(1)	
(2)	

丙、實踐長期目標的具體計劃

長期目標	具體計劃	成效指標	完成時限	獎勵
(1)				
(2)				

＊務請緊記：有些活動要把難度逐步遞增，但不要強求或操之過急。

（四）情緒溫度計與身心思維自我分析表之六

情緒溫度計

你的情緒指數是：（請圈出你認為最恰當的分數，0 分最差，10 分最好。）

情緒溫度計	0	1	2	3	4	5	6	7	8	9	10

在上一章，你的情緒指數是 _____ 分。

在本星期，你的情緒指數平均是 _____ 分。

你做了些甚麼使自己的分數較上星期高了些？ _____

你在未來一星期可做些甚麼來提升自己的分數： _____

身心思維自我分析表

請選取一件過去一星期令你產生負面情緒的事情：

引發事件： _____

_____

	各項反應的出現	如何運用五常法
身體變化 （警告訊號）	- -	1. 按停：按停身體警告訊號 -
當時想法		2. 腦袋停一停：暫停一切負面想法 - - - - - - - - - - - - - - - - - -

（續）

		思想陷阱類別：（可能超過一種）
		_ _ _ _ _ _ _ _ _ _ _ _ _ _
		_ _ _ _ _ _ _ _ _ _ _ _ _ _
		_ _ _ _ _ _ _ _ _ _ _ _ _ _
		想法背後可能隱藏着甚麼規條
		_ _ _ _ _ _ _ _ _ _ _ _ _ _
		_ _ _ _ _ _ _ _ _ _ _ _ _ _
		_ _ _ _ _ _ _ _ _ _ _ _ _ _
		這個想法是否值得保留？
		□ 值得 / □ 不值得
		原因： _ _ _ _ _ _ _ _ _
		_ _ _ _ _ _ _ _ _ _ _ _ _ _
		_ _ _ _ _ _ _ _ _ _ _ _ _ _
		_ _ _ _ _ _ _ _ _ _ _ _ _ _
		你會如何修訂這項規條：
		_ _ _ _ _ _ _ _ _ _ _ _ _ _
		_ _ _ _ _ _ _ _ _ _ _ _ _ _
		你運用的心戰口訣是：
		_ _ _ _ _ _ _ _ _ _ _ _ _ _
		_ _ _ _ _ _ _ _ _ _ _ _ _ _
情緒反應		3. 自我反問：反駁自己的思想陷阱
	_ _ _ _ _ _ _ _ _ _	_ _ _ _ _ _ _ _ _ _
	_ _ _ _ _ _ _ _ _ _	_ _ _ _ _ _ _ _ _ _
	_ _ _ _ _ _ _ _ _ _	建立正向思維：新觀點、新角度
		_ _ _ _ _ _ _ _ _ _

		- -
行為反應		4.分散注意力：小行動 -
		5.聰明咭：人生雋語 -

開心行動日

又到「開心行動日」這個環節，這個星期你打算去尋找或尋回哪些使自己快樂的事情呀？快來完成以下練習吧！

開心行動表

在未來一星期內，你打算完成哪一項開心行動呢？

活動：_____

日期：_____

時間：_____

（五）總結

● 理想生活並不一定等於均衡生活，當你身體不斷發出訊號表示你處於過度壓力時，請調整你的生活模式。

● 要擁有優質的生活或生命質素，必須要有均衡的生活，而均衡生活是一種投資，需要你調整生命中的優先次序，並在生活各層面中保持均稱的比重。

● 要重建新生活模式，必須要學習為自己訂立長期目標及短期實踐計劃。

● 自我獎勵是推動個人達成目標的最佳方法。

（六）你的得益

● 總括來説，在本篇中我對自己的學習表現給予_____分。（0分最差，10分最高）。

● 在本章的練習中：

1. 每個人都對理想生活有不同的看法及定義，這與個人的_____有很大的關係。

2. 均衡生活展示我們生活上的不同需要，請寫出其中六種你自己的需要：（1）_____　（2）_____　（3）_____
　　（4）_____　（5）_____　（6）_____　。

3. 從本章中，你主要學懂：（1）_____
　　　　　　　　　　　　（2）_____

答案

1. 每個人都對理想生活有不同的看法及定義,這與個人的價值觀有很
大的關係。

2. 例如:(1)工作;(2)家庭生活;(3)獨處;(4)健體活動;(5)社
交生活;(6)個人發展。

3. 本章你主要學懂:
(1)了解個人生活模式如何影響抑鬱症的病況;
(2)學習實踐具體行動計劃以建立新的生活模式。

(七) 補充資料

甚麼叫做平衡的生活?

　　現代人的生活非常緊張,每天都要面對種種的生活壓力。這些壓
力可能來自家庭、工作、社會責任及朋友等。無論壓力的來源是甚麼,
我們必須花上時間和精力去面對這些情況。但在不斷虛耗個人的精力
時,現代人卻騰不出時間靜下來休息,讓身體得到充分的調適。一般
而言,香港人的生活模式有以下的特點:

　　(1) 每天都會花上頗長的時間在工作上;
　　(2) 睡眠不足;
　　(3) 缺乏運動;
　　(4) 不大注重良好的飲食習慣;及
　　(5) 沒有定期的餘暇活動。

　　從壓力論的觀點來看,身體長期處於緊張的狀態,便會影響個人

的情緒及身體。因此,我們必須學習建立一個平衡的生活方式,好讓我們的身體在日常生活中得到適當的調息。以下提供一些怎樣平衡生活的方法,作為大家的參考。

■ 定時運動

研究顯示,定時的運動有助改善身心健康。例如,活躍及體格健康的人,在遇到困難時,比不活躍的人較少感受壓力。另外,定時運動可減少壓力、焦慮及憂鬱的徵狀 (Paterson et al., 1996)。一般而言,每星期運動三次,每次二十分鐘,便可令身體達到及格的健康水平。但在決定選擇哪一類運動時,我們必須先接受體格檢查,並與有關人士商討後再作出決定。同時,集體運動較個人運動更能令自己持續下去,這是因為集體運動本身亦是一個社交活動。

■ 充足睡眠

壓力、憂鬱和焦慮都會影響睡眠,而睡眠不足反過來亦會加深個人的焦慮及憂鬱的情緒。因此,我們必須保持充足的睡眠。最常出現的睡眠問題有以下兩種:(i) 難以入睡及 (ii) 經常在睡夢中醒來,並無法再次入睡。以下是有關怎樣改變睡眠問題的方法,這包括:定下固定的睡眠及起床時間、營造一個適合睡眠的環境、避免在日間小睡和在入睡時使用深呼吸或注意力分散的方法。後面的方法是針對那些在睡眠時會經常出現不自主思想的人使用。

■ 發掘自己的生活興趣

這是現代人的另一個問題。不少香港人終日埋頭苦幹地工作,整個人生及所有的時間都好像奉獻給工作似的。甚麼個人興趣和娛樂都給拋諸腦後。但這樣一來,人的生活便會變得枯燥無味。同時,把精力過分的專注在某一項的事情上亦是不智的。一旦該項事情沒法給予個人滿足感或使那個人感到受挫時,他便找不到另一些途徑來舒緩或

平衡這樣的負面情緒。因此，我們應該在工作之餘，發掘及發展自己
的個人興趣，一方面可為生活帶來更多情趣，另一方面更可平衡把精
力過分專注在某一些的事情上（例如工作或照顧小孩上）。

■ 建立良好的社交生活圈子

　　人類與生俱來便擁有一個群體性的本能。它不但可以保護個體的
人身安全，免受動物或敵人的侵襲，同時，它亦可滿足個人的心理及
社交需要。只可惜現代人的生活模式變得越來越個人化，人與人之間
的關係因此變得疏離。一旦個人面對一些難於解決的生活壓力及問題
時，我們便無法從狹窄的社交網絡中找到協助。當然，我們不能抹殺
社交網絡中的關係也可成為壓力的來源，但網絡越大，我們便會有更
多的機會得到正面的支持。從另一個角度看，我們不難發現一些長期
受到情緒困擾的人士的人際網絡往往是較為狹窄的。因此，我們必須
檢視及思索如何擴闊自己的社交圈子。

　　總括來説，現今生活環境充滿壓力，上班一族要面對超時工作、
增值減薪的壓力；待業人士，則要面對經濟緊絀和自我價值受衝擊的
挑戰，要讓自己生活開心及舒服，並具備良好的抵抗逆境的能力時，
就必須建立平衡的生活模式。

喜樂恆常

本章學習目的

(1) 回顧與總結；
(2) 延續與實踐。

王太記事簿

有位朋友見王太的情緒不時會起落很大，甚至影響她的日常生活，兩個月前便送了一本有關抑鬱症的自學 / 輔助手冊給她。

王太花了兩個多月的時間，每星期都按手冊上的指示完成該星期的練習。漸漸地，她明白到自己以前對情緒問題的誤解：總以為是某些事件導致自己的情緒低落，但其實往往只是自己某些思想陷阱和思想規條在作祟。

過程中，她學懂了「五常法」：當留意到身體發出警告訊號時，她會喚停自己的負面思想，從而反問自己剛才的想法是否過於偏激呢？跟著會走到街上逛一會以分散注意力，有時亦會翻出自己最鍾愛的聰明咭「豈能盡如人意，只求無愧於心」多看幾眼。熟習了以上幾個步驟之後，王太發覺果然能令自己避過多次跌入陷阱的機會。她還學懂了運用一些心戰口訣去放寬自己的思想規條，讓自己本來波動的情緒得以平伏。

> 現時，王太的病情已有相當的進展，她為了進一步改善自己的生活，便決定恢復以往一些生活習慣，例如當子女或丈夫有他/她們自己的節目安排時，她就會約朋友喝茶聊天，或者看電影和逛街等，務求使自己的生活可以均衡地發展，不會再讓自己整天呆在家中胡思亂想。
>
> 王太立志要跟抑鬱情緒説再見，不，應該是不相見！

王太立志要跟抑鬱情緒不相見，你呢？你是否也會跟抑鬱情緒説聲不相見？

你是否也找到了跳出思想陷阱與打破思想規條的方法呢？

王太為自己的餘暇作出了踏實的安排，你呢？你又會如何消磨餘暇？

（一） 從回顧到重整

從過去的一段日子裡，隨着王太的故事，逐步了解她情緒起伏的因由。加上每星期你都需要完成一章課題練習，慢慢地，相信你對個人的行為和思維如何影響自己的情緒亦加深了認識。

回顧前面各章的練習，我們花了不少篇幅闡明思想陷阱及思想規條如何捉弄大家，使你長時間陷入不快和抑鬱的境況中。因此，我們透過「五常法」去協助你走出思想陷阱，亦利用「心戰」口訣教你如何打破及擺脫思想規條的框架。

顧及未來生活的需求，從練習中，我們亦嘗試協助你了解自己心目中所冀盼的生活是甚麼，從而鼓勵你為自己締造一套良好及均衡的生活方式。

到此，期望透過上述各個篇幅的練習及方法，使那些負面的思想和行為不再拖着你的步伐，讓你能走出抑鬱的深谷：走出谷底，喜樂恆常。

重述本手冊的學習範圍，是希望就着各個環節，能歸納出過去幾星期以來，你在各練習中所學到的一些重點。

整理後，首先請你填寫的是在過去的日子裡，每星期都會見面的「情緒溫度計」，今天，我們請你再一次填寫：

- 在過去一星期中，你的情緒指數是多少；
- 然後再分析自己情緒背後埋藏着的思想、行為和身體的變化；
- 繼而寫下你如何從中察覺出它們怎樣影響你取得這個分數的原因；
- 跟着，寫下你幫助自己跳出思想陷阱的方法。

情緒溫度計

你的情緒指數是：（請圈出你認為最恰當的分數，0分最差，10分最好。）

情緒溫度計	0	1	2	3	4	5	6	7	8	9	10

1. 身心思維自我分析表

(1) 引發事件：＿＿＿＿＿＿＿＿＿＿＿＿＿＿＿＿＿＿

(2) 身體變化（警告訊號）：＿＿＿＿＿＿＿＿＿＿＿＿

(3) 當時的想法：＿＿＿＿＿＿＿＿＿＿＿＿＿＿＿＿＿

(4) 背後可能隱藏着甚麼規條：＿＿＿＿＿＿＿＿＿＿＿

(5) 情緒反應：＿＿＿＿＿＿＿＿＿＿＿＿＿＿＿＿＿＿

(6) 行為反應：＿＿＿＿＿＿＿＿＿＿＿＿＿＿＿＿＿＿

2. 開心行動表

在「情心對話」一章中有一個「開心行動表」，讓你列出多項你認為開心的活動項目。我們想知道在過去一星期中，你有沒有做過一些類似的開心活動，使得自己的生活添加了姿采？

活動內容：＿＿＿＿＿＿＿＿＿＿＿＿＿＿＿＿＿＿＿

如有，你的感覺如何：＿＿＿＿＿＿＿＿＿＿＿＿＿＿

若沒有，是甚麼原因：＿＿＿＿＿＿＿＿＿＿＿＿＿＿

3. 情緒警戒線

根據過去六星期你所記下的「情緒溫度計」分數，你是否覺得自己已經找到令你情緒失控的警戒線呢？請填寫出來。

你的情緒警戒線是：＿＿＿＿＿＿＿＿＿ 分

＿＿＿＿＿＿＿＿＿＿＿＿＿＿＿＿＿＿＿＿＿＿＿＿

你是否還記得所謂：「情緒警戒線」是指情緒失控的缺口。當你察覺自己的情緒臨近這個缺口時，你便要立即提醒自己去做一些事情（例如：飲水）或不要做一些破壞性的行為（例如：罵人）。

4. 思想陷阱

你是否知道自己出現最頻密的思想陷阱有哪幾種？請在下面填寫出不多於三種你慣常跌進的陷阱類型，依頻密次數排列，「1」為最慣常跌進的陷阱。

你最慣常跌進的思想陷阱：(1) ＿＿＿＿＿＿＿＿＿＿＿＿
　　　　　　　　　　　(2) ＿＿＿＿＿＿＿＿＿＿＿＿
　　　　　　　　　　　(3) ＿＿＿＿＿＿＿＿＿＿＿＿

5. 五常法

請寫出在將要跌入這些陷阱的過程中，或已跌進這些陷阱之後，你會運用「五常法」中哪些方法提醒自己避免跌入或走出這些陷阱。

(1) 常留意身體警告訊號

你認為有效的方法是：＿＿＿＿＿＿＿＿＿＿＿＿＿

＿＿＿＿＿＿＿＿＿＿＿＿＿＿＿＿＿＿＿＿＿＿＿＿＿

(2) 常喚停負面思想

你最慣常用的方法 提醒說話，助你暫停負面想法：＿＿＿＿

＿＿＿＿＿＿＿＿＿＿＿＿＿＿＿＿＿＿＿＿＿＿＿＿＿

(3) 常自我反問

你經常用作反駁自己思想陷阱的反問句子：＿＿＿＿＿＿

＿＿＿＿＿＿＿＿＿＿＿＿＿＿＿＿＿＿＿＿＿＿＿＿＿

(4) 常分散注意力

你通常做的小行動，助你擺脫負面思想：＿＿＿＿＿＿

_____

(5) 常備聰明咭

你認為哪些說話，確是人生的金石良言：_____

_____

6. 思想規條

寫下你最常有的「思想規條」，請填寫不多於三項並依頻密次序排列，第 (1) 項為最慣常有的規條。此外，你學了哪些「心戰」口訣作為經常提醒自己擺脫及放寬這些規條對自己的束縛。

你最常有的思想規條：(1) _____

(2) _____

(3) _____

你運用的心戰口訣有：(1) _____

(2) _____

(3) _____

7. 均衡生活

在過去的一段時間裡，你是否已找到一件在未來的日子裡自己很想經常參與，而又可以讓生活過得更為開心或平靜的活動或事情呢？例如：參加太極班、合唱團等。

你是否已經找到：是 / 否

若是，那是甚麼：_____

你參與的頻密程度：＿＿＿＿＿＿＿＿＿＿＿＿＿＿＿＿＿＿＿＿＿

　　我們在「走出谷底」一章中做過「均衡生活大拍賣」的自省練習，在這裡，我們想知道你是否亦確知在生活中加上哪些項目／活動，可以令自己的生活更加均衡一點？再者，你未來的生活目標是甚麼呢？例如：在未來三個月／半年的目標是甚麼？是否可以寫下跟我們分享。

● 培養均衡生活的項目／活動：＿＿＿＿＿＿＿＿＿＿＿＿＿＿＿

＿＿＿＿＿＿＿＿＿＿＿＿＿＿＿

● 未來三個月的生活目標：＿＿＿＿＿＿＿＿＿＿＿＿＿＿＿＿＿

＿＿＿＿＿＿＿＿＿＿＿＿＿＿＿

● 未來六個月的生活目標：＿＿＿＿＿＿＿＿＿＿＿＿＿＿＿＿＿

＿＿＿＿＿＿＿＿＿＿＿＿＿＿＿

（二）從歸納到忠告

　　在你重整所學所得的同時，我們希望為本手冊歸納出一些要點，並附上我們誠心的忠告：

　　● 在剛過去的日子裡，因為你積極地完成了上述那些練習，你對自己的思想陷阱和規條可能已有了一定認識，亦對自己的生活方式多了一些掌握和理解。

　　● 你可能也找到一套奏效的方法，讓自己在跌進思想陷阱前可以及時警覺及逃離；而且熟讀心戰口訣，隨時為自己修正不合理的思想規條；甚至重新編排，為自己締造出均衡的生活方式。

　　● 但我們誠心希望提醒大家一點：要多給自己時間去熟習你所學到的技巧，並持續運用在日常的生活上。

• 你亦要接受一個事實，就是在學習的過程中，自己的情況有時免不了會忽然向後倒退，或是再次墮入陷阱，甚至可能又被自己的思想規條所緊縛，這些都是極有可能會出現的情況。

• 但不要緊，只要你的練習做得越多，對方法的運用便越趨熟練，再次跌進思想陷阱的機會便越少，建立起均衡生活習慣的機會便越大。

習慣是需要時間去建立，所以緊記多給自己機會和時間，更不要忘記要寬待自己，不要迫使自己在最短的時間去達到最好的成果，所謂：欲速則不達。

（三）從轉變到轉機

在本書第二章中，你已經填寫過「貝克抑鬱量表」，現在請你再次填寫，目的在於比較先後兩者的分別：希望從中給你一個反思的機會，讓你細嚼過去幾星期裡，自己心理歷程的轉變，以及得分有所差別的原因。

請再細閱以下 21 組描述情緒的句子，然後圈出每組中一個在本星期（包括今天）內最能表達你的情緒的數字。若沒有適合的句子，請選擇最接近的一句。在選擇前，切記仔細閱讀句子內容。（請不要翻閱你在本書第二章中圈選該量表的答案，你只需按現時的心情／情況圈選下表即可。）

貝克抑鬱量表

【第一組】　0　我不感到憂愁。

1　我感到憂愁、悲哀。

2　我時常感到憂愁、悲哀，又不能擺脫。

3　我愁苦、不快樂，以致無法忍受。

【第二組】　0　我對將來不怎麼失望。

1　我對將來感到失望。

2　我感到沒有甚麼可以寄望將來。

3　我感到將來毫無希望，而事情也不會好轉。

【第三組】　0　我不覺得自己像個失敗者。

1　我覺得我比一般人有較多失敗。

2　當我回顧生命時，我只見到很多的失敗。

3　我覺得自己是個完全失敗的人。

【第四組】　0　我像以往一般享受所作的事情。

1　我不享受以往常作的事情。

2　我再不能從任何事情中取得真正的滿足。

3　我對任何事情都感到不滿、煩悶。

【第五組】　0　我不感到怎樣內疚。

1　我有不少時間感到內疚。

2　我大部分時間感到內疚。

3　我無時無刻都感到內疚。

【第六組】　0　我不覺得自己正被懲罰。

　　　　　　1　我覺得自己可能會被懲罰。

　　　　　　2　我預計自己將會被懲罰。

　　　　　　3　我覺得自己正在被懲罰。

【第七組】　0　我對自己不感到失望。

　　　　　　1　我對自己失望。

　　　　　　2　我討厭自己。

　　　　　　3　我憎恨自己。

【第八組】　0　我不感到自己比別人差。

　　　　　　1　我因自己的弱點及錯失而對自己諸多批評。

　　　　　　2　我無時無刻因自己的錯失而怪責自己。

　　　　　　3　我為每件發生的不如意事而怪責自己。

【第九組】　0　我沒有任何自殺的念頭。

　　　　　　1　我有自殺的念頭，但卻不會實行。

　　　　　　2　我想自殺。

　　　　　　3　若有機會，我會自殺。

【第十組】　0　我不比平常哭得多。

　　　　　　1　我現在比以前哭得多。

　　　　　　2　我現在時常哭。

　　　　　　3　以往我還能哭泣，不過現在想哭也哭不出來。

【第十一組】　0　我不比以往更感煩躁。

　　　　　　　1　我變得比以前容易發怒或感到煩躁。

2　我任何時刻都覺得煩躁。

3　以往令我煩躁的，現在絲毫不再煩躁了。

【第十二組】　0　我沒有失去對別人的興趣。

1　我對別人的興趣比以前少了。

2　我對別人大大失了興趣。

3　我對別人完全失了興趣。

【第十三組】　0　我作決定的能力如以往一樣。

1　我比以往延遲作出決定。

2　我比以往更難作出決定。

3　我再不能作出任何決定。

【第十四組】　0　我不覺得外貌比以前差。

1　我擔心自己看來老了、不吸引。

2　我感覺自己外貌有永久性的改變，令我看來不吸引。

3　我相信自己樣貌醜陋。

【第十五組】　0　我能像以往一般的工作。

1　我要分外費神才能開始做事。

2　我要很辛苦催逼自己才可做事。

3　我甚麼事也做不來。

【第十六組】　0　我的睡眠如平常一樣。

1　我沒有睡得像以前那麼好。

2　我比往常早醒一兩小時，而很難再入睡。

3　我比往常早醒數小時，而不能再入睡。

【第十七組】　0　我不比平常易感到疲倦。

　　　　　　　1　我比以往容易感到疲倦。

　　　　　　　2　我幾乎做任何事情都感到疲倦。

　　　　　　　3　我疲倦得不能做任何事。

【第十八組】　0　我胃口沒有比平時差。

　　　　　　　1　我胃口沒有以往那麼好。

　　　　　　　2　我胃口比以往差很多。

　　　　　　　3　我完全沒有胃口。

【第十九組】　0　最近我體重沒有下降。

　　　　　　　1　我體重減了 5 磅以上。

　　　　　　　2　我體重減了 10 磅以上。

　　　　　　　3　我體重減了 15 磅以上。

　　　　　　　　　我在控制飲食來減低體重：是 / 否

【第二十組】　0　我不比平時多擔心我的健康。

　　　　　　　1　我擔心身體的問題，如：疼痛、腸胃不適、便秘等。

　　　　　　　2　我很擔心我身體的問題，因而很難去想其他的事。

　　　　　　　3　我非常擔心我身體的問題，因而不能去想任何其他的事。

【第二十一組】　0　我並不發覺自己在性方面的興趣近來有任何轉變。

　　　　　　　　1　我對性的興趣比以往減低。

　　　　　　　　2　我現在對性的興趣已大大減低了。

　　　　　　　　3　我對性已完全失去興趣。

你的得分

　　請你從【第一組】至【第二十一組】中，將每組圈出的數字相加起來，然後將今次所得的分數與你在本書第二章的貝克抑鬱量表中所得的分數作一比較，看看你現時的情緒狀態是否有所改善。

　　　在本書第二章所圈選的得分數：＿＿＿＿＿＿＿＿＿＿＿＿＿＿＿＿

　　　今次所得分數：＿＿＿＿＿＿＿＿＿＿＿＿＿＿＿＿＿＿＿＿＿

做了上述的練習，請追問自己一個問題：

你抑鬱的情緒究竟有否得以改變：有 / 沒有

變與不變

　　● 無論你的抑鬱情緒有着明顯的，抑或只是些許的改善，同樣值得向你恭賀，因為確實有了改變的地方——從轉變中我們找到了新的轉機。

　　● 但如果你的情緒沒有任何改變，甚或，變得更糟，那你除了使用本自學 / 輔助手冊外，我們極力鼓勵你去尋求一些專業的輔導服務，甚至可能需要接受一段時期的藥物治療。若自學的形式不適合你，轉換另一種輔導或治療的方式，對你也是一個轉機啊！

　　● 任何可以協助你改善情緒的方法，我們都會給予全力支持。

（四）彼此攜手前行

再來一次

　　若你的情緒仍是不太穩定，但情況又不至於太壞的話，你不妨從頭開始，再一次細閱本手冊及填寫各項練習，試看今次能否加深你對

這些練習的認識和運用，從而達到改善情緒的目的。

守護天使

還有，記緊去跟你的「守護天使」談談，聽取他／她對你在這幾個星期中的轉變有何意見，所謂：旁觀者清。

網上續緣

最後在這裡給大家一個網址：hkct.sw.hku.hk（網址於本年 7 月才正式運作），當你閱畢或完成整本手冊的練習之後，你有任何感想或意見，歡迎隨時登入這個網址，將你的感想／意見告訴我們，我們冀望在未來能聆聽到你的意見或收到你提供的資料。再者，在我們的網頁上，你可以隨時看看是否有適合你的課程或活動可以參加。

這是我們第一本以自學／輔助形式出版的手冊，衷心希望能獲得你珍貴的意見，作為我們日後改善本手冊內容的指南，更希望有機會認識你，與你在網上交流。謝謝！

參考文獻

Beck, A.T.(1979). *Cognitive therapy and the emotional disorders.* Boston: A Meridian Book.

Beck, J.S.(1995). *Cognitive therapy: basics and beyond.* New York: Guilford Press.

Bright, J.I., Neimeyer, R.A., & Baker, K.D.(1999). Professional and paraprofessional group treatments for depression: a comparison of cognitive behavioral and mutual support interventions. *Journal of Consulting and Clinical Psychology, 67,* 491-501.

Corey, M.S. & Corey, G.(1996). *Groups: process and practice.* Singapore: International Thomson Publishing Asia.

Cormier, L.S., & Cormier, B.(1998). *Interviewing strategies for helpers: Fundamental skills and cognitive interventions.* Singapore: Brooks/Cole Publishing Company.

Free, M.L.(1999). *Cognitive therapy in groups: Guidelines and resources for practice.* Chicherster: John Wiley & Sons.

Hawton, K., Salkovkis, P.M., Kirk, J., & Clark, M.(1994). *Cognitive behavior therapy for psychaitric problems: A practical guide.* Oxford:

Oxford University Press.

Heimberg, R.G., et al.(1990). Cognitive behavioral group treatment for social phobia: Comparison with a credible placebo control. *Cognitive Therapy Research*, 14, 1-23.

Hong Kong Government(1999). *Hong Kong review of rehabilitation programme plan(1998/99-2002-03)*. Hong Kong: Rehabilitation Division of the Health and Welfare Branch, Hong Kong.

Lee, H. L. J.(1999). *The use of a cognitive-behavioral group model for life style changes for patients with heart problems*. Unpublished manuscript, Hong Kong: Department of Social Work and Social Administration, The University of Hong Kong.

Salzman, D.G., et al.(1993). Cognitive-behavioral group treatment for social phobia: Effectiveness at five-year follow up. *Cognitive Therapy Research, 17*, 325-339.

Sharp, T.J.(1997). Cognitive-behavior therapy: Towards the new millennium. *Behavior Change, 14*, 4, 187-191.

Hong Kong Mood Disorder Center(2001). A survey on emotional health in Hong Kong. Retrieved December 4, 2004, from http://www.hmdc.med.cuhk.edu.hk/report/report01.html

Hospital Authority(2002). Hospital Authority statistical report

2001/2002. Hong Kong: Hospital Authority.

Hospital Authority(1998). Hospital Authority statistical report 1997/98. Hong Kong: Hospital Authority.

Wilson, P.H.(1989). Cognitive-behavior therapy. Behavior Change, 6(2), 85-95.

World Health Organization(2001). The world health report: 2001: Mental health: New understanding, new hope. Geneva: World Health Organization.

香港家庭福利會（1997）：《認知行為小組治療法（第二版）》。香港：香港家庭福利會。

黃富強及孫玉傑（2003）：《情緒管理與精神健康：認知治療小組介入手法與技巧》。香港：香港大學出版社。

我的聰明咭

請寫上你自己的人生金句

多點接納，
多點寬容，
生活就會變得開心點！

煩惱事，留待明天再想
開心事，今天即時細味

無論開心與否，
日子總要過，
我會選擇開開心心地過！

做事最重要向自己負責，
我不能滿足所有人的期望哩！

作者簡介

周惠萍　　香港復康會社區復康網絡社會工作員
郭燕儀　　香港復康會社區復康網絡社會工作員
關卓妍　　香港復康會社區復康網絡社會工作員

　　周小姐、郭小姐及關小姐從事復康服務多年，近年積極運用「認知治療」，為長期病患者提供情緒管理治療小組及工作坊。三位亦在本港及外地參與不同的國際研討會議，並在報刊撰寫文章，積極推動「認知治療」在本土的應用，從而累積豐富的實務經驗。

林愛冰博士　香港大學社會工作及社會行政學系副教授

　　林博士於香港大學主要教授小組工作理論與實踐及社交技巧訓練，並專注研究父母情緒、青少年行為問題及小組工作模式等。林博士積極推行「認知治療」輔導小組，幫助抑鬱症及社交焦慮症的患者，學習各種認知及行為策略，以提升他們的正面情緒傾向。

陳文珊　　社會工作員

　　從事精神復康服務多年，現時工作主力於全港各中學推行青少年成長課程。近年積極帶領「認知治療」小組，幫助抑鬱症及社交焦慮症患者改善情緒困擾。

孫玉傑　　香港城市大學社會科學學部講師

　　孫先生多年來專注研究精神健康，並從事相關的教學及實務工作。他近年積極採用「認知治療」小組輔導手法，服務抑鬱症及社交焦慮症患者，並曾與黃富強博士合著《情緒管理與精神健康：認知治療小組介入手法與技巧》一書。孫生亦曾多次於小組輔導中引用實證為本的研究法作成效評估，他尤專於社交技巧及精神健康小組輔導工作，並積極研究及推廣休閒生活身心健康之法。